# 사회신용
*Social Credit*

# 사회신용

## 왜 기본소득이 필요한가

클리포드 H. 더글러스 지음

이승현 옮김

역사비평사

사회신용 — 왜 기본소득이 필요한가

**초판 1쇄 인쇄**　2016년 4월 4일
**초판 1쇄 발행**　2016년 4월 15일

**지은이**　클리포드 H. 더글러스
**옮긴이**　이승현
**펴낸이**　정순구
**책임편집**　조원식
**기획편집**　정윤경 조수정
**마케팅**　황주영

**출력**　블루엔
**용지**　한서지업사
**인쇄**　한영문화사
**제본**　대원바인더리

**펴낸곳**　(주) 역사비평사
**등록**　제300-2007-139호 (2007.9.20)
**주소**　10497 경기도 고양시 덕양구 화중로 100, 506호 (비전타워21)
**전화**　02-741-6123~5
**팩스**　02-741-6126
**홈페이지**　www.yukbi.com
**이메일**　yukbi88@naver.com

우리가 현재 겪고 있는 경제 위기에 대처하기 위한 다양한 계획들 중에서 '더글러스 소령'의 제안이 지난 수개월 동안 매우 중요한 위치를 차지해왔다. 우리는 앞으로 몇 개월 안에 그가 제안한 계획들을 보게 될 것이다. 민주주의에 자부심을 갖고 있는 국가에서 이런 아이디어들이 대중들에게 공개적으로 알려지고 거기에 대한 분명한 의견들이 나오는 것은 매우 바람직한 일이다.

– 타임즈 (*The Times*)

차례

# 사회신용 — 왜 기본소득이 필요한가

자본을 넘어 인간으로

## 일자리 감소는 팩트다

미국의 대선에서부터 한국의 국회의원 선거에 이르기까지 예나 지금이나 빠지지 않는 선거공약이 하나 있다. 바로 일자리 창출에 관한 것이다. 현실을 말하자면, 최근 다보스포럼에서는 인공지능에 대한 연구와 투자로 인해 향후 5년간 선진 15개국에서 일자리 700만개가 사라지고, 신규 일자리 200만개가 새로이 창출될 것이라고 전망했다. 과거의 기술이 인간의 능력을 보완하고 증강하는 것이어서 그로 인해 단위 노동의 생산능력을 제고시켰다면, 지금 진행 중인 연구는 궁극적으로 인간을 복제해서 인간의 노동을 대체하는 것을 지향한다. 그런 이유로 많은 과학자들이 기술의 발달이 중장기적으로 대량 실업을 초래할 것으로 내다보는 것이다. 일자리 감소가 가속화되고 있는 현실에도 불구하고 일자리를 창출하겠다는 말은 세상의 변화에 눈을 감거나 아니면 결연히 역행하겠다는 의지의 표명이다. 그리고 이는 무지하거나 무모하거나 무책임함을 드러낼 따름이다.

1924년에 쓰인 이 책에서도 "지난 수십 년간 우리는 실업 문제로부터 자유로웠던 적이 한 번도 없었다"라고 적고 있다. 실업 문제가 어제오늘의 문제가 아닌 것이다. 경기를 활성화시켜서 일자리를 만들겠다고 공언하는 오늘날의 정치인들과는 달리, 저자 클리포드 H. 더글러스(Clifford H. Douglas)는 "실업은 산업 붕괴의 징후가 아니라 경제 발전의 신호"라고 보았다. 경제 발전은 생산성의 향상을 수반하며, 따라서 고용 감소와 실업은 불가피하다는 것이다. 그래서 그는 "만약 실업 문제가 내일 당장 해결되어서 고용될 수 있는 모든 사람이 고용되고 …… 대가를 지급받게 된다면, 그 결과는 피할 수 없는 가격의 엄청난 상승을 통해서 또는 수출 시장을 차지하기 위한 강화된 군사적인 싸움의 결과로 인해 유례를 찾아볼 수 없는 정치적·경제적 재앙을 초래할 뿐이다"라고 경고한다. 그는 이런 폐해를 피해서 고용할 수 있는 방법은 노동 절감형 기술과 과학적 노력을 생산 현장에서 모두 제거하거나, 그렇지 않다면, 그냥 맨땅에 구덩이를 파고 다시 메우는 식의 일자리를 만드는 것뿐이라고 강조한다. 따라서 그는 실업과 분배의 문제를 고용이 아니라 '기본소득(국민배당)'과 금융 개혁이라는 전혀 다른 방식으로 해결하고자 했다. 오늘날 전 세계는 경제 위기를 극복할 대안으로서 인공지능과 로봇의 연구 개발에 사활을 걸고 있다.[1] 바로 이 시점에 분배의 해법을 고용이 아닌 다른 곳에서 찾는 이 글을 다시 읽는 의미가 있다.

## 대규모 통화 방출의 교훈

이 책은 더글러스가 쓴 『사회신용』(*Social Credit*)의 1933년 개정판을 번역한 것이다. 애초의 번역은 국내에서 기본소득에 대한 논의가 활발하게 일어난 직후인 2012년 초에 이루어졌다. 2008년 리만 부도 사태로 발발한 금융 위기를 전 세계 주요국들이 거의 무제한 통화 방출을 통해 진화하는 상황에서 정부의 발권을 통한 기본소득(국민배당) 지급을 주장했던 그의 사상이 새롭게 주목받았던 것이다. 따라서 기본소득이라는 개념을 처음 생각해내고 사회운동으로 이끌었던 그의 저술을 소개해서 이해를 좀 더 깊게 하자는 것이 애초 번역의 의도였다.[2] 그런데 금융 위기 이후 시간이 경

---

1 최근 미국과 유럽에서 두뇌 연구에 천문학적 예산이 할당되면서 인공지능과 로봇 연구에 관심과 투자가 집중되고 있다. 2013년 미국에서는 "첨단 혁신 신경 공학을 이용한 두뇌 연구"(Brain Research Through Advancing Innovative Neurotechnologies, BRAIN) 프로젝트에 30억 달러의 연방연구기금 지원 발표가 있었고, 거의 동시에 유럽연합에서는 '인간 두뇌 프로젝트'(Human Brain Project)에 11억 9천만 유로(약 16억 달러)를 지원하기로 결정했다. 선진국 정부들의 이런 공격적인 투자에 민간투자가 부응하면서, 인공지능과 뇌 과학은 4차 산업혁명을 이끌어나갈 선도적인 연구 분야로 자리매김하고 있다.

2 기본소득과 더글러스의 이론은 2009년에 『녹색평론』에서 국내 최초로 소개되었다.

과하면서 위기 의식은 익숙함으로 변질되고, 기본소득 논의도 예상만큼의 반향을 일으키지 못하면서 출판이 보류되었다. 4년여의 시간이 지나서 통화 방출 정책은 주요국들 간의 환율 전쟁으로 비화하는 조짐을 보였고, 위기는 해소된 것이 아니라 파국이 지연된 것일 뿐이라는 우려가 여전히 팽배하다.

미국의 경우 2009년에 오바마 대통령 취임 당시 약 10조 달러였던 정부 부채가 현재 20조 달러에 육박하면서 GDP 대비 40%에서 75% 수준으로 급증했다. 장기 불황을 겪었던 일본의 경우 2008년 말에 정부 부채가 이미 약 900조 엔 수준으로 거의 미국에 근접하는 규모였으며, 현재는 1,000조 엔을 넘어서 GDP 대비 240%에 달할 정도다. 중국의 경우 정부 부채는 아직 GDP 대비 65% 수준이지만 정부와 민간 부문을 합친 국가 전체의 부채는 2009년 10조 달러에서 현재 30조 달러로 3배나 증가했다. 그 가운데 특히 자국 은행의 대출을 통한 기업 섹터의 부채 증가가 가장 컸는데, 중국 경제의 특수성을 감안할 때 상당 부분 정부의 부담 증가로 볼 수 있다.[3] 이와 같이 최근 몇 년간 주요국들은 더

───────────────

『녹색평론』은 그 이후 지금까지 기본소득에 대한 담론을 일관되게 이어오고 있다. 그동안 거기서 다루었던 목록을 이 책의 말미에 수록해 놓았다.

3  미국은 기축통화 국가로 통화 발행을 통한 부채 해소가 가능하며, 중국이나 일본은 부채의 대외 의존도가 매우 낮고 금리도 초저금리여서 이자 부담이 높지 않은 편이

글러스가 권장했던 바와 같이 정부 부채를 통해 통화 공급을 크게 늘렸으나, 실제 수요 진작 및 경기 부양에 미친 효과는 회의적이다. 대다수의 삶은 더욱 어려워진 반면, 극소수 부유층의 부는 오히려 증가하여 양극화로 인한 사회 갈등만 심화시켰다. 만약 추가로 확보된 통화를 부실화된 금융기관을 살리는 데 투입하지 않고, 국민배당을 실시하여 소득 대비 소비 비중이 매우 높은 다수의 빈곤층에게 많은 자금이 풀렸다면 더 효과적이지 않았을까?

이런 문제의식은 최근 핀란드, 네덜란드, 스위스 등 유럽의 일부 국가와 지방정부에서 기본소득 제도의 도입을 결정하거나 검토하고 있는 것과 무관하지 않을 것이다. 실업과 복지 문제에 대한 해법으로 최근 미국, 영국에서 이슈화되고 있는 또 다른 정책은 최저임금 기준의 상향 조정이다. 일자리가 감소하는 상황에서 일자리 창출의 구호는 단순노동을 위한 비정규직을 늘리는 것으로 귀결된다. 이렇게 부가가치가 낮은 노동의 보편화 현상에 상향 조정된 최저임금으로 대처하려는 것은 일견 필요하고 타당한 조치다. 그러나 더글러스의 관점에서 이는 여전히 고용에 절대가치를

---

다. 우리의 경우 같은 기간에 정부 부채가 GDP 대비 30% 이하에서 35% 수준으로 소폭 증가하는 데 그쳤다. 우리의 경우 정부 부채보다 가계 부채가 급증해서 가계 부담이 커진 상태다.

두는 태도다.[4]

## '엄밀한' 학문으로서의 경제학

이 책은 단순히 기본소득뿐 아니라 오늘날 우리가 익숙해서 당
연시하는 경제문제들을 원점에서 다시 생각하게 하는 다양한 관
점들을 제시한다. 책의 내용을 차분하게 따라가보면, 그 옛날의
분석과 해법이 오늘날에도 그대로 유효하며 어떤 면에서는 오히
려 더욱 부합한다는 사실을 발견할 수 있다. 당시에 주류 경제학
자가 아님에도 불구하고 더글러스의 '사회신용이론'은 캐나다에
서 '사회신용운동'이 일어나고 호주와 뉴질랜드에서 그의 취지
에 동조하는 정당이 생기는 등 사회 개혁 운동으로서 큰 반향을
일으켰다.[5] 그러나 막상 주류 경제학에서는 케인스(John Maynard
Keynes)가 1936년에 출간한 『고용, 이자 및 화폐의 일반이론』의

---

**4** 2016년 4월부터 영국 정부는 생활임금(National Living Wage) 제도를 도입하기로
발표했다. 생활임금은 최저임금보다 높은 수준으로 책정되어 인간으로서의 최소한
의 품위를 유지할 수 있도록 법제화하는 것이다. 호주, 러시아, 미국, 일본 등에서
전체 또는 부분적으로 시행되는 이 제도는 향후 기본소득 제도의 대안으로서 서로
그 유용성을 다투게 될 전망이다

**5** 캐나다에서는 그의 이름을 따서 "The Clifford Hugh Douglas Institute"라는 비영
리 단체가 사회신용론을 알리고, 그 이론이 현실에 도입되기를 희망하며 현재도 활
동하고 있다. 해당 사이트(www.socred.org)에 접속하면, 그의 저작 및 사회신용이
론에 대한 다양한 자료들을 일목요연하게 정리해두었다.

말미에서 당시에 유행하던 과소소비론과 관련해서 짧게 그를 언급하고 있을 뿐이다.[6] 케인스는 그를 당시에 유행했던 과소소비론의 주된 이론가로 언급하고 있다. 케인스는 그가 당시 경제가 당면한 문제들을 직시했으며, 그의 신랄한 비판에 대해 주류 경제학자들이 효과적인 답변을 하지 못했음을 인정한다. 그럼에도 불구하고 더글러스의 논리가 사실과는 부합하지 않는 가설에 기초한 잘못된 주장이라고 폄하함으로써 경제 이론으로서의 지위를 전혀 인정하고자 하지 않았다.

케인스는 이튼 스쿨과 캠브리지를 나오고 버지니아 울프(Virginia Woolf) 등과 블룸즈버리 그룹(Bloomsbury Group)이라는 지적 모임에서 문화 예술에 대한 관심을 추구했던 엘리트 지식인이자, 주식

---

**6** "전쟁 이후 지금까지 이단적인 과소소비론이 범람했다. 그중에서도 더글러스 소령의 이론이 가장 유명하다. 더글러스 소령의 주장의 강점은 주로 정통파가 그의 파괴적인 비판의 많은 것에 대하여 효력 있는 대답을 할 수 없었다는 점에 있다 …… 더글러스 소령은 그의 적수인 정통학파의 몇몇 사람들과는 달라서, 적어도 현대 경제가 당면하고 있는 여러 문제들을 완전히 망각하고 있지는 않았다고 주장할 수 있는 권리를 가지고 있다. 그러나 그는 맨더빌, 맬더스, 겟셀 및 흡슨과 같은 반열 — 이단자의 용감한 대열에서 소령이 아니라 (그 반열에 속한다면) 아마도 졸병으로서 — 에 속한다고 주장할 만한 권리를 거의 갖지 못했다. 맨더빌, 맬더스, 겟셀 및 흡슨은 명쾌하고 수미일관하게 그리고 평이한 논리에 따라 도달되면서도 사실과는 부합하지 않는 가설에 기초하여 잘못된 주장을 하기보다는, 오히려 자신들의 직관에 따라 불명료하고 불완전하게나마 진리를 찾아내려고 한 사람들이었던 것이다." J.M.케인스(조순 옮김), 『고용, 이자 및 화폐의 일반이론』, 비봉출판사, 1985, 374쪽.

투자를 통해 막대한 부를 축적하여 당대 최고의 정치인, 학자, 예술가들과 폭넓게 교류하는 사교계 유명 인사이기도 했다. 반면 더글러스는 기술 견습공 출신의 기술자였고, 캠브리지에서 네 학기 동안 수학하다가 전쟁 중에 잠시 공군 소령으로 재직한 것을 제외하고는 제1차 세계대전이 끝날 때까지 줄곧 기술자로서 일했다. 아마도 대학에서 수학과 통계학을 전공했던 케인스로서는 이런 배경을 지닌 더글러스가 보이지 않는 정부 운운하며 금융계 수장들로 이루어진 마피아 같은 비밀 집단의 존재를 가정하거나 일부 기업의 원가 명세 데이터에 근거해서 복잡한 경제의 제반 현상을 단순하게 가정하는 것 등이 이론으로서의 체계와 정치함을 결여한 것으로 보였을 것이다. 그러나 더글러스가 부르주아 경제 현상을 진단하고 그 문제점에 대한 대안을 마련하기 위해 경제 내적 요인들뿐 아니라 윤리적이고 정치적인 영역까지 폭넓게 사유한 반면, 케인스는 부르주아 경제사회의 현실적 생산관계의 내적 연관에 주목하는 고전경제학의 학문 영역을 크게 벗어나지 않았다. 1920년경까지 경제학은 정치경제학과 동의어로 사용되었으나, 이 시기를 전후로 경제학은 경제 현상의 내적 역학 관계만을 전적으로 다루는 전문 분과로 분리되기 시작했고, 그런 경제학의 시각에서 더글러스의 정치경제학은 시대에 뒤떨어진 철학적 사변처럼 보일 수 있었다. 그리고 바로 이렇게 정치를 떼어낸 경제학 연구는 대다수의 정치인들이 지금도 일자리를 만들겠다며 현실 경제와는 유리된 정치 구호를 남발하는 데 일정 부분 책임이 있다.

더글러스의 사유는 '래디컬'(radical)하다. 그런 사고는 종종 곧바로 좌파로 분류된다. 그러나 그는 마르크스나 사회주의를 추종하지도 않았고, 혁명 이후의 러시아를 동조하기는커녕 비판적으로 보았다. 심지어 노동조합이나 노동자 정당의 정책이 노동자의 이익을 제대로 대변하거나 개선한다고 보지도 않았다. 게다가 오늘날 좌와 우, 혹은 진보와 보수가 내용은 없이 진영 논리의 경계선 구실밖에 못하는 상황에서 그런 비판은 공허하고 소모적일 따름이다. 통상 '급진적이고 과격하다'로 번역되는 '래디컬'(radical)이라는 단어는 어원적으로 '근원적'이라는 의미를 갖고 있다. 오늘날 경제학은 수학과 통계학을 주요 수단으로 하며, 무엇보다 연구의 수학적 정확성을 요구한다. 하이데거(Martin Heidegger)는 수학적 인식에서는 '정확성'(Exaktheit)이 요구되는 반면 역사학 같은 정신과학에서는 정확성이 아닌 '엄밀함'(Strenge)이 요구된다고 한 바 있다. 하이데거에게는 정치경제학뿐만 아니라 경제학도 수학적 정확성보다는 엄밀성이 요구되는 학문이다.[7] 그리고 엄밀하다

---

7 이는 하이데거가 프라이부르크대학 교수 취임 강연에서 당시 대학과 학문의 위기를 지적하며, 점점 분화되고 전문화되는 상황에서 학문하는 올바른 자세로서 언급한 내용이다. 그에 따르면 학문이 자신의 본질적인 과제를 언제나 새롭게 획득하기

는 것은 사물과 사태에 대한 전제와 기존에 정립된 이론 등에 대해서 모두 엄격하다는 것으로, 결국 아주 밑바닥부터 '근원적으로' 새롭게 사유를 해야 한다는 것을 의미한다. 동구 공산권의 붕괴 이후 자본주의는 유일한 경제체제로서 인식되고 있으며, 자본주의에 문제가 있다면 더 이상 대안은 없는 것으로 치부된다. 그러나 대안이 없는 곳일수록 근원적인 사유가 절실하게 요구된다.

**더글러스의 래디컬한 사유들 : 정부, 인간, 화폐, 문화적 유산**

더글러스는 교육과 경험을 통해서 너무나도 친숙해져서 대부분의 사람들이 당연하게 여기는 기존의 통념들에 지속적으로 의문을 제기한다. 예를 들어 그는 국가나 화폐의 기능 등에 대해서도 근원적으로 다른 생각을 한다.

이를 테면 영국 주식회사를 구상하는 것이다. 자연적으로 태어난 거주자 전체가, 떼어낼 수도 없고 매각할 수도 없는 보통주를 소유한 주주로서 그 생산능력에 관심을 갖고, 그 보통주가 생산 인구를 유지하기 위해 요구되는 것을 초과하는 생산물 전체를 전부 구매할 배당금을 가

---

위한 과제는 "지식을 긁어 모아 정리하는 데 있는 것이 아니라, 자연과 역사에 관한 진리의 모든 영역을 언제나 새롭게 개시하여 완수해 나가는 데 있는 것"이다. 하이데거(신상희 옮김), 「형이상학이란 무엇인가」, 『이정표1』, 한길사, 2005, 150쪽.

저다주며, 그 자본적 가치, 즉 배당금을 버는 능력으로서의 평가 금액이 그 공동체의 실제 신용 평가 금액과 직접 함수관계를 맺는 방식으로 조직된 나라를 상상할 수 있을 것이다 …… 그것은 각 개인들이 자신의 개인적 견해로 인해 생겨나는 경제적 제재를 면하게 해주고, 그래서 전제정치에 대해 유일하게 효과적인 방어막을 형성해준다.

(이 책, 173~174쪽)


당시 영국 국민 모두가 기본적인 의식주의 욕구를 충족하는 데 필요한 생산은 "하루 7시간 일하는 가용 노동력의 25% 고용으로 달성 가능"하다고 보았던 그는 "최소의 시간과 노동을 투입해서 최대의 재화와 용역을 생산하여 인도하는 정부"를 제안한다. 그리고 단지 국민이라는 이유로 기본적인 삶의 조건을 충족시켜주는 나라, 그래서 "기본적인 요구가 충족된 이후에 사람들이 일하는 것은 마음속에 그려진 이상을 물질적 형태로 구현하는 것으로서 예술적 충동의 충족을 위한 것"인 나라를 구상한 것이다. 그는 "고용 없는 여가가 유해하다는 것은 편견"이라고 단언한다. 그리고 그 이유로 인류가 이룬 과학적 진보의 75%는 정규적인 고용의 필요성으로부터 면제받은 사람들에게 빚지고 있다고 주장한다. 만약 우리가 인공지능이 장착된 로봇을 개발해서 인간의 노동을 대신하게 한다면, 노동 없는 여가를 죄악시하기보다 확보된 시간을 어떻게 보내며 인간의 가치와 품위를 지킬 것인가를 고민할 필요가 있다.

　그는 당시 영국이 필요한 만큼의 생산을 초과한 생산능력을 보유함으로써, 추가적인 생산보다 오히려 그 생산물을 소화해줄 소비가 부족한 상황, 즉 체제의 구조적인 과소소비에만 주목했다. 하지만 프랑스의 사상가 앙드레 고르(André Gorz)는 자본주의가 이 국면에서 체제의 유지 발전을 위한 내적 필연성으로 인해 생산 중심 사회에서 소비사회로 시스템이 전환된다고 설명한다.[8] 또한 쟝 보드리야르(Jean Baudrillard)에 따르면 소비사회에서 소비자는 생산노동자처럼 소비노동자로서 자본주의 체제의 유지 발전에 기여하며, 그런 이유로 소비자의 소비 능력을 좌우하는 돈의 위력이 점점 중시되는 금권만능 풍조가 만연하게 된다.[9] 갈수록 생산노동자로서의 인간 노동의 중요성이 감소하고, 일자리가 없어서 소비자로서의 구매력을 갖추지도 못한 대다수의 인간군에 대해, 이 경제 시스템은 과연 인간으로서의 존엄성과 가치를 어떻게

---

**8** 앙드레 고르(임희근, 정해용 옮김) , 『에콜로지카』, 생각의나무, 2008, 146~154쪽.

**9** 보드리야르에 따르면, 소비는 생산력의 보다 일반적인 틀 속에서 전체적인 처분 능력으로서 생산된다. 따라서 소비는 향유의 기능이 아니라 생산의 기능이며, 따라서 물질적 생산과 마찬가지로 개인적 기능이 아니라 전면적으로 집단적인 기능이다. 쟝 보드리야르(이상률 옮김), 『소비의 사회』, 문예출판사, 2004, 108~121쪽 참조.

부여할 수 있을까? 노동하거나 소비하지 않으면서도 의미 있는 인간적 삶에 대한 그의 단상은 오늘날 취미나 직업으로 예술에 대한 관심이 증가하는 현상을 일정 부분 설명해준다.

오늘날 우리가 무엇보다 중시하는 돈에 대해, 그리고 은행의 신용 창출 행위에 대해서도 그는 다른 입장을 갖는다. 그에게 "화폐 제도의 적절한 기능은 재화 및 용역의 생산과 분배를 지휘하는 데 필요한 정보를 제공하는 것이다. 그것은 보상 체계가 아니라 명령 체계다." 생산된 물품은 항상 그 생산으로 창출된 구매력으로 전부 소화될 수 없으며, 따라서 재고로 남게 된다. 그는 그 남는 물품을 필요한 사람들에게 배분하기 위해서 화폐가 기능을 해야 하며, 거기에 필요한 화폐는 원금을 상환하고 이자를 지급해야 하는, 그래서 거기에 종속되게 만드는 은행의 부채가 아니라 정부가 발행하는 통화로 무상으로 지급되어야 한다고 주장한다. 그리고 그 근거로 자본, 토지, 노동이라는 전통적인 생산요소 외에 문화적 유산이라는 제4의 생산요소의 중요성을 강조한다.

그는 오늘날 생산력의 발달을 초래한 과학기술의 발달이란 인류가 과거 긴 세월 동안 축적해놓은 지식 위에서 이루어지는 것이므로, 선조들이 남겨놓은 문화적 유산에 대해서 그 후손인 현재의 인류 모두에게 그 소유권이 정당하게 귀속된다고 주장한다. 따라서 생산성 향상으로 줄어든 소요 노동 시간만큼의 임금은 노동하지 않고도 상속된 유산에 대한 배당으로서 모두가 함께 취할 권리가 있다고 보았다. 그의 사유를 약간 확장한다면 다양한 가능성을 엿볼 수 있다. 예를 들어 공공재라고 불리는 자원을 상업적으로 활용하고 거기서 생기는 이익에 대해 공공의 이익 참여권을 고려할 수 있을 것이다. 또한 현행의 배타적인 지적 소유권의 주장에 대해서 문화적 유산의 상속분에 해당하는 몫으로 그 혜택을 가난하다는 이유로 공유하지 못하는 일이 없도록 배려할 수도 있을 것이다.

### 생각의 자유와 민주주의

더글러스의 사유는 이렇듯 근원적이다. 그러나 케인스가 이론의 자격을 인정하지 않으려 했던 바와 같이, 사태에 대한 예리한 통찰과 근원적인 발상에도 불구하고 그의 글은 논리적인 명쾌함으로 서술되기보다는 사례와 비유를 통해 에둘러 표현되기 일쑤다. 사고의 전환은 신선하고 문제 제기는 신랄하지만, 그에 뒤따르는 후속 논리는 충분치 않아 아쉬움을 남긴다. 특히 그의 계획을 현실적으로 실행하기에는 어려움이 따른다. 예를 들어 그는 화폐 발행을 통한 국민배당이 통화량 증가에 따른 인플레이션을 초래하므로, 그와 동시에 물가를 해당 증가분만큼 할인할 것을 주문했다. 그러나 그가 제시한 할인율 계산 방식은 지나치게 단순화시킨 가상적 경제모델로서의 논리적인 구상이라서, 전 세계가 단일 시장으로 통합되고 삶의 전 영역이 상품화된 오늘날의 개방경제에서는 사실상 무용하다. 이처럼 그의 해법은 우리의 실정에 맞는 즉답을 제공하지는 않는다. 그럼에도 불구하고 그가 이 책에서 보여주는 통찰들은 오늘의 대안 없는 경제 현실에서 우리가 백지 상태로부터 다시 생각해야 할 지점들을 정확하게 제시해준다.

우리 사회는 생각의 차이에 대해서 유난히 인색하다. 특히 자본주의라는 경제체제에 대해서 다른 의견을 제시하는 것은 그와 한 쌍인 자유민주주의에 대한 도전이라는 듯이 매도한다. 그런데 오늘날 자유민주주의의 사상적 토대가 되었던 존 스튜어트 밀(John Stuart Mill)의 『자유론』에서는 사상과 언론의 자유를 무엇보다 중시했다. 밀은 자신의 의견을 개진할 자유를 침해하는 것은 "만일 그 의견이 옳다면, 인류는 오류를 진리와 교환할 기회를 상실하게 되고, 만일 그것이 틀리다면, 진리가 오류와 충돌하면서 발생하게 되는 진리에 대한 더욱 명백한 인식과 더욱 선명한 인상을 상실하게 되는 엄청난 혜택의 손실을 입게 된다"[10]라고 하면서 다른 의견의 개진, 특히 소수자의 의견 개진을 장려했다. 우리는 비주류의 소수자 경제 이론가였던 더글러스가 가졌던 '옳은' 의견들과 혹은

---

[10] 존 스튜어트 밀(김형철 옮김), 『자유론』, 서광사, 2008, 43, 97~99쪽.

'옳지 않은' 의견들을 함께 테이블 위에 올려놓고 자유롭게 논의함으로써 새로운 진리를 발견하거나, 우리가 알고 있던 진리의 의미를 좀 더 명확히 할 수 있을 것이다.

지난 수 세기 동안, 특히 소련의 공산화 이후 자본주의는 자유민주주의의 동반자로 여겨져 왔다. 더글러스는 "민주주의라는 말이 다수에 의한 공무의 세심한 행정 처리를 시사하는 것이라면, 그것은 순수한 환상일 따름"이라고 보았다. 그래서 그는 일반 대중, 즉 다수로 하여금 "산업 시스템의 목적이 고용을 창출하는 것인가 아니면 재화를 생산하고 분배하는 것인가"와 같은 정책의 문제에 관해서 발언할 수 있도록 하고, 그것을 어떻게 구현하느냐에 관해서는 오히려 전문가들에게 맡겨야 한다고 주장한다. 이와 정반대로 "정책 그 자체에 대해 가능한 한 어떤 논의도 피하고, 대중의 관심을 그 실행 방법에 대한 무익한 언쟁으로 돌리는" 현실 세계에서 경험하는 정치를 그는 민주적이지도 효율적이지도 않다고 단언한다. 고용 창출을 목적으로 할 때, 경제는 양적 성장에 목을 매게 되며 "어떻게 효율적으로 생산해서 이를 공정하게 분배할 것인가?"라는 경제의 기본적인 사명은 뒷전으로 밀려나게 된다. 주요 의제에 대해 다수의 의견을 묻지 않는 민주주의는 자본주의의 목적을 기형화시킨다.

오늘날 자본주의는 자본의 이익을 극대화하는 원리에 따라 작동한다. 따라서 자본주의는 인간의 이익이나 이해를 위해서가 아니라 자본의 이익에 봉사하는 시스템이다. 자본의 이익이라는 관점에서 볼 때 인간은 생산을 위한 '노동력'이거나 생산을 통한 이익을 실현시켜줄 '구매력'일 뿐이다. 인간이 아니라 자본의 이익을 생각할 때, 환경을 파괴하고, 자원을 고갈시키며, 검증되지 않은 유전자 조작 동식물로 만든 음식을 판매하며, 식용 가축을 비위생적인 환경에서 항생제를 먹이며 사육하는 행위들이 가능하다. 게다가 과학의 발달로 자본이 인간을 대체하는 지능형 로봇을 만날 때, 인간은 그나마 숙주로서의 위치마저 위태로워 질 것이다. 마르크스(Karl Marx)는 인류의 역사가 가진 자와 못 가진 자, 자본가와 노동자의 계급투쟁의 역사라고 말했지만, 앞으로는 자본과 인간의 투쟁의 역사가 될지 모른다. '국민에 의한, 국민을 위한, 국민의 정부'를 주장하는 자유민주주의는 '자본에 의한, 자본을 위한, 자본의 경제체제' 위에서 이미 사실상 위협받고 있다.

2016년 4월 1일
옮긴이 이승현

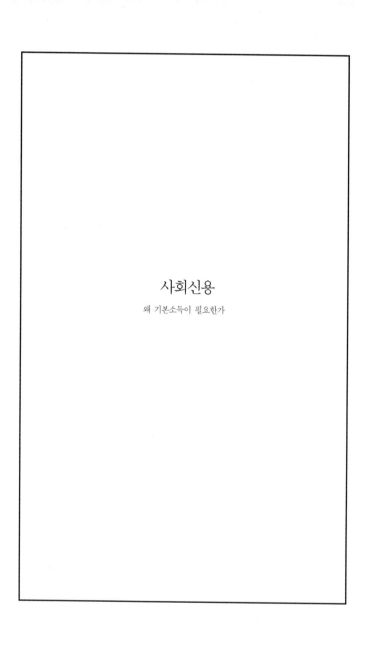

# 사회신용

왜 기본소득이 필요한가

**일러두기**

1. 원문에서 이탤릭으로 강조한 부분은 **고딕** 서체로 표기했다.
2. 원문에서 "쌍따옴표"로 강조한 부분은 '작은따옴표'로 표기했다.
3. 원문에서 (괄호)로 표기한 것은 모두 그대로 살려서 표기했다.
4. 각주는 일부 저자주를 제외하고는 모두 역자주다.

## 개정판 서문

　이 책의 초판은 금융 이론들과의 연계를 위해 1924년에 발행되었다. 그 이후 이 책에서 지향하는 사회적, 산업적, 그리고 철학적 이상들로 인해 그 이론들은 널리 알려지게 되었다.

　이 책이 1924년에 처음 나왔을 때, 세계는 점점 더 번영의 시대로 진입하는 것으로 간주되었고, 물질적 관점에서의 번영은 미국에서 과거에 경험하지 못했던 수준으로 나타나고 있었다.

　사회신용이론에 따르면, 현존하는 금융 시스템에 의해 주어진 상황들이 불변인 채로 유지되는 한 이 번영은 오래 지속될 수 없고, 그런 번영 뒤에는 유래가 없는 거대한 위기가 뒤따를 것이다. 이미 1923년에 캐나다의 '금융 및 산업에 관한 하원 선별위원회' 앞으로 장기간의 교차 진단을 통해 이와 동일한 견해가 제출되었고, 불행하게도 그것은 너무나 정확하게 지적한 것이었음이 입증되었다. 세계공황의 압박과 그것이 문명의 소멸을 위협할 수 있다는 두려움은 수많은 사람들에게 사회적 정치적 스트레스와 부담을 주면서, '풍요 속의 가난'이라는 역설에 대한 설명과 그에 대한 신속한 처방을 요구했다.

세계 각국에서 특히 영국이 지배하는 해외 영토에서, 금융 제도는 세계 불안정의 주요인으로 여론의 법정에 소환되었다. 그리고 여론의 배심원들은 윌리엄 제닝스 브라이언(William Jennings Bryan)[1]이 선거 연설에서 다소 수사학적으로 표명했던 다음의 판결문을 추인해주었다.

"금권력은 평화로울 때는 국가를 먹잇감으로 삼고, 역경에 빠졌을 때는 국가에 대해 음모를 꾸밉니다. 그것은 왕정보다 훨씬 전제적이고, 귀족정치보다 훨씬 무례하며, 관료정치보다 훨씬 이기적입니다. 금권력은 공공의 적으로서, 그것의 수단에 의심을 품고 그것의 죄상을 밝히려는 모든 이들을 탄핵합니다. 그것은 오로지 국민의 깨어 있는 양심에 의해서만 타도될 수 있습니다."

이번 개정판은 완전히 수정되었고, 전하고자 하는 의미를 더욱 자세히 설명하기 위해 새로운 사례들을 첨부했다. 그러나 그사이에 일어난 여러 사건들이 주요 논지의 본질적인 타당성을 확인해주었으므로, 이는 크게 바꾸지 않고 남겨두었다.

클리포드 H. 더글러스
템플에서, 1933년 5월

---

1 윌리엄 제닝스 브라이언(1860~1925)은 미국 국무장관을 지낸 민주당 정치인이다.

"악마는 신을 뒤집은 것이다."

오늘날처럼 변화와 불안정의 시대에 고려해볼 만한 오랜 격언이다. 정의와 민주주의라는 베일 아래 영국과 미국에서 지지를 얻고 있는 유해하고 전제적인 다수의 관행들과, 러시아와 이탈리아와 스페인 등에서 팽창의 결과로 나타나는 객관적 교훈들을 생각하면, 이 문제에 대한 명쾌한 생각이 절실하게 요구된다.

본문에서는 실질적인 문제뿐 아니라, 문명을 위협하는 왜곡된 심리를 다루는 데 핵심적인 내용을 함께 제시하고자 했다.

클리포드 H. 더글러스
템플에서, 1924년 1월

# 1부

# 철학

SOCIAL
CREDIT

# 1장
## 정적인 사회학과 역동적 사회학

영국에는 두 개의 교육 시스템이 나란히 운영되고 있다. 그 차이는 공립학교와 대학교에서 뚜렷하지만, 응시자들이 국가시험이나 그 밖의 다른 시험을 준비하는 매 단계에서 이를 알아볼 수 있다. 이 두 개의 교육 시스템은 대학 이전의 공립학교에서는 고전적 진영과 근대적 진영이며, 대학교로는 캠브리지과 옥스포드가 그에 상응한다.[1] 이는 다시 말해, 아리스토텔레스적인 것과 베이컨적인 것이다.

전혀 별개라고 인식되는 이 두 개의 교육 시스템이 서로 양립할 수 없다는 사실은 오늘날 명확하게 인식되지 않는 듯하다. 먼저 고전적(아리스토텔레스적) 교육 시스템은 사회의 본성과 사회가 움

---

1 원문에서는 트라이포스(Triposes)와 어너스(Honours)라고 표시되어 있으나, 영국에서 통상 트라이포스 학교는 캠브리지 대학을, 어너스 학교는 옥스포드 대학을 지칭하므로, 캠브리지와 옥스포드로 표기했다. (이하 각주는 원저자의 주석이라는 별도의 언급이 없는 경우 모두 역자주다.)

직이고 존재하는 조건에 대한 매력적이며 예술적인 이상 내지 신념을 구현한다. 그것은 실제 사실의 너머에 위치한다. 반면에 근대적(베이컨적) 교육 시스템은 사실에 대한 실험적 확증에 근거하는 귀납적 자연과학이 중심을 이루고, 본질적으로 이상과는 전혀 관계가 없다. 이는 사실적이며, 그 첫 번째 가설은 힘이 서로에 대해 비슷한 관계에 놓여야 비슷한 방식으로 작동한다는 것이다. 이 교육 시스템에서는 증명할 수 없다면 그 무엇도 사실로 인정될 수 없고, 사실과 부합하지 않는 것은 그 무엇도 이론으로 인정되지 않는다. 고전적인 이상은 예컨대 인간이란 선하고 용감하며 덕이 '있어야 한다'고 주장한다. 반면에 근대적 시스템은 선함의 의미를 모르고, 용기와 미덕은 정확하게 정의할 수 없으며, 만일 '해야 한다'라는 단어가 어떤 의미를 가진다면 그것은 이제껏 증명된 바 없는 힘의 존재를 가정하는 것이라고 주장한다.

조금만 숙고해보면 이 두 가지 철학이 일상 세계에 미치는 영향은 파괴적일 수밖에 없다. 고전적 이상의 논리적 귀결은 결국 사회조직에서 발견되는 결함을 사회를 구성하는 개인들의 성격적 결함 탓으로 돌린다. 전쟁은 사람들이 사악하기 때문에 일어나고, 가난은 사람들이 게으르기 때문에 발생하며, 범죄는 사람들이 비도덕적이기 때문에 생긴다는 것이다. 그리고 물질적 진보는 본질적으로 응용과학인데, 고전적 사유는 그것이 사실상 엄격한 고전적 이상을 무의미하게 만들기 때문에 이런 진보를 혐오한다. 반대로 과학적 태도는 반대의 극단, 즉 결정론으로 기운다. 사람들의 행동, 생각 그리고 도덕은 그것들이 종속되어 있는 맹목적인 힘의 결과이므로, 이에 대해 가하는 비난이나 칭찬은 모두 부적절하다는 것이다.

많은 논쟁들이 그렇듯이 양쪽의 관점에 대해 할 말들이 많겠지만, 진실은 어떤 관점도 상대 관점 없이는 유용하지 않다는 사실을 인정하는 데 있다. 경제적 결정론은 사회적 취약 계층에 속한 사람들 중 98%의 행동에 대해 아주 안정적이고 정확한 설명을 해줄 수 있다. 사실상 그들은 환경에 의해 주어진 제약 조건들에 따라 행동하고 생각하지 않을 수 없다. 간단히 말하자면, 그들이 그들의 환경을 만들기보다 그들의 환경이 훨씬 강력하게 그들을 만든다. 그러나 이런 사실은 동시대의 훨씬 운이 좋은 사람들에게는 해당되지 않는다. 세상에는 한 개인의 사적인 생각이 그들의 주변뿐 아니라 국가와 대륙 전체까지 강력하고 광범위한 영향력을 미치는 상황도 존재한다. 제임스 와트(James Watt), 조지 스티븐슨(George Stephenson), 마이클 패러데이(Michael Faraday)가 산업사회 및 경제사회의 무게중심을 변화시킨 것이 확실하듯이,[2] 나폴

---

**2** 제임스 와트(1736~1819)는 증기기관을 발명(개선)했고, 조지 스티븐슨(1781~1848)

레옹, 워싱턴, 비스마르크가 역사의 행로를 변화시켰다고 믿는 것은 타당해 보인다.

이 모든 것들은 충분히 명백하다. 그러나 거기에서 도출되는 중요한 생각은 (고전적 이상과 종교적 이상을 포함한) 인류의 이상이 대다수 사람들과 유효한 관계를 맺고 관리되기에 앞서, 그들이 경제력의 부당한 압박으로부터 해방되어야 한다는 것이다. 나폴레옹이 유럽에 하나의 저주였다고 주장할 수 있다. 그러나 그가 만약 지금 살아 있다고 해도 18세기 후반과 19세기 초반의 역사를 다시 반복할 거라고 주장할 수는 없다. 또한 대다수가 경제적으로 독립적이고 정치적으로 만족스러운 나라에서는 그 누구도 나폴레옹이나 비스마르크 같은 전철을 밟지 않을 거라고 주장할 수 있다.

오늘날 문명사회를 괴롭히는 어려움과 위험에 대해 균형 잡힌 사고를 하면서 그 대처 방안을 구상하는 데 가장 중요한 사안이 있다. 그것은 한편으로 인성이 환경에 영향을 끼치는 상황을 파악하는 것과, 다른 한편으로 실용적 관점에서 만족할 만한 인성의 개발을 기대하기 어려운 상황을 명확히 이해하는 일이다. 이에 대해 생각을 해본 사람이라면 누구나 '마음의 변화'만을 끊임없이 요구하며 떠들어대는 감상주의자의 권고에 격분할 수밖에 없을

---

은 증기기관차를 발명했으며, 마이클 페러데이(1791~1867)는 전기를 발명했다.

것이다. 만약 한 광부가 자기 이익을 포기하면서 고용주에게 현재 임금의 절반만 받겠다고 제안한다면, 그 행위는 어떤 힘든 결과를 초래할 것인가? 또는 광산 소유주가 손실을 냈다면 누가 인부들의 임금을 올려주겠는가? 만약 이미 은행에 빚이 있는 어느 가게 주인이 다음 주에 낼 집세와 당좌대월의 잔액을 갚을 능력조차 없는 의심스러운 상황에 있다면, 또 자신의 광부 고객들이 더 이상 지불할 능력이 없음을 알고 자신도 이제 황금률에 따라[3] 사업을 하겠다는 열망에 사로잡혀 자기가 구입한 원가의 절반 가격에 물건을 판매한다면, 그래서 파산과 소매업자로서의 활동 정지를 스스로 재촉한다면, 그 가게 주인에 대한 배당은 어떤 영향을 입겠는가? 만약 적의 폭격기가 **전쟁이 발발한 이유**도 전혀 모르는 국민들에게 독가스 폭탄을 투하하려고 할 때 이를 제지하지 않는다면, 전쟁의 죄악상에 대해 열정적인 연설을 하는 게 무슨 소용이 있겠는가?

다른 한편으로 세계의 발전을 도모하는 데 유리한 위치에 있는

---

**3** 황금률은 그리스도교의 윤리관을 표현한 말이다. 원래 예수 그리스도의 산상수훈에 나오는 말로 신약성서 마태복음 7장 12절에서 "무엇이든지 남에게 대접을 받고자 하는 대로 너희도 남을 대접하라. 이것이 율법이요 선지자니라"라는 구절과 누가복음 6장 31절의 "남에게 대접을 받고자 하는 대로 너희도 남에게 대접하라"는 예수의 가르침을 말한다. 대략 17세기부터 황금률이라는 표현이 사용되었다.

사람들에게 사회의 특성에 관한 구체적인 제안을 듣고자 했다면, 누구나 다음의 사실을 깨닫게 될 것이다. 즉 그들의 합의를 이끌어내기란 무척 힘들며, 설사 이끌어냈다 하더라도 이는 경영자의 자리를 견지하는 조건에서 나온 것이며 협의의 의미에서 극단적으로 보수적일 수밖에 없다는 것이다. 이런 상황을 객관적으로 말하자면, 사회의 구조적 변화를 가져올 수 있는 위치에 있는 사람들은 거의 이를 원하지 않는 반면, 이를 주로 갈망하는 사람들은 그런 변화를 가져오는 데 무력하다. 인간에 대한 두 가지 설명에서 '마음'에는 큰 차이가 없다. 문제는 행동의 차이이며, 그 차이는 한쪽은 자신의 운명에 꽤 만족하고 있으며, 다른 쪽은 그렇지 않다는 사실에서 비롯된다.

이것은 추상적인 문제가 아니라 실질적인 문제다. 이 점이 무엇보다 중요한데, 최대한 많은 개인들에게 욕망과 그 실현 수단을 화해시키는 문제라고 일반화해서 말할 수 있다. 현실 세계에서는 매 단계마다 소위 도덕적 이슈가 느닷없이 개입해서 문제가 더 복잡해진다. 영국이 분별 있는 나라라기보다 자유로운 나라라고 말했던 용감한 주교는, 스스로 의식했든 아니든 간에, 선한 목적이 나쁜 수단을 정당화해준다는 생각에 대해 나름 매력적인 방식으로 도전장을 던진 것이다. '실업'을 사실상 경제적 발전의 신호로 봐야 함에도 불구하고, 오히려 산업 붕괴의 징후로 보여주려는 (매

우 성공적인) 노력도 이와 똑같은 이슈를 제기하는 셈이다.[4]

고전적이고 도덕적인 사회 이론과 밀접하게 연결된 것이 '상벌 (rewards and punishments) 이론'이다. 대부분의 사람들에게 이 이론은 교육과 경험을 통해서 너무나 친숙해 있어서, 그것이 인위적인 생각이며 본래부터 있던 것이 아니라는 점을 깨닫기가 어렵다. "선하라, 그러면 행복해질 것이다"라는 진술의 진실성은 선함과 행복함이라는 추상적 성질 사이의 고정된 관계에 의존하지 않는다. 그 대신 '선함'이라는 단어가 임의로 부여한 어떤 행동과 '행복'이라고 부르는 반작용 간의 고정된 인과관계에 의존한다. 지나치게 말을 꼬치꼬치 따지는 것으로 보일지 모르지만 세상의 산업과 법, 사회 시스템 전체가 이 상벌 이론에 따라 제재를 가하고 있다는 사실을 깨닫는다면 그것에 대한 정확한 이해의 중요성을 부인할 수 없다.

예를 들어, 오늘날 세계를 어렵게 만드는 산업의 불안정성은 생산과 분배의 시스템이 낳은 결과에 대한 불만이 증가했기 때문이다. 사람들은 더 많은 제품, 더 많은 여가, 그리고 더 적은 통제를 원할 뿐 아니라, 그들의 욕구 충족을 방해하는 것이 물리적 세계

---

[4] 고용이라는 (선한) 목적을 달성하기 위해 실업이 산업 붕괴의 징후라고 호도시키는 (나쁜) 행위가 정당화될 수 있는가라는 이슈를 제기한다.

에 원래부터 있던 것이 아니라는 사실을 전보다 더 확신하고 있
다. 그러나 사실관계를 정확히 평가할 수 있는 위치의 산업계 수
장들은 사람들의 권리 주장에 대해 한결같이 도덕적 근거를 요구
하고 있다. 말하자면 그들은 개인들에게 더 많이 생산하라고 요구
하면서도 오늘날 경제기구의 생산량을 최저 수준으로 제한하는
데 관여한다. 그러면서 심지어 생산의 과잉 부분조차도 이에 상응
하는 노동의 대가 없이 빈곤층의 손에 흘러 들어가서는 안 된다는
결의에 차 있다. 실은 그 노동이 이들 산업 지도자들이 걱정하는
문제를 더 해결하기 어렵게 만드는데도 말이다. 뿐만 아니라 이런
태도는 고용자 계층에 한정되지 않는다. 노동계 지도자들은 이 주
제에 대해 나름의 합당한 이유로 매우 강하게 주장한다. 상벌 이
론은 노동계 지도자들이 반대하는 고용주들의 초석이면서 동시
에 그들이 내세우는 공약의 초석이기도 하다. (그들 사이의) 유일한
차이점은 포상의 규모와 지급에 관한 것이며, 그것을 얻기 위한
경쟁의 규칙에 관한 것뿐이다. 이 주제를 주의 깊고 냉정하게 살
펴볼 때, 마르크스 사회주의는 근대 사업(modern business) 이론의
논리적 귀결임이 명백하게 드러난다.

## 2장
### 산업 — 정부인가 서비스인가?

상벌 이론과 근대과학의 인과 개념 사이의 실질적 차이는 단순하다. 후자는 자동적으로 작동하고 전자는 그렇지 않다. 내가 만약 맨손으로 시뻘겋게 달구어진 쇠막대기를 잡을 경우, 과학적으로는 내가 성자든 소매치기든 관계없이 내 손은 불에 데일 것이다. 이것이 근대적 관점이다. 불과 수백 년 전까지도 고전적인 관점에서는 내가 소매치기거나 그와 유사한 악한인 경우에만 불에 데일 것이라고 보았고, 당시 불에 의한 수난은 이런 이론에 근거해서 행해지던 제의였다. 심지어 아직도 선별적인 소수 그룹에서는 참다운 성자인 경우 불이 그의 살갗에서 꺼질 것이라고 주장한다. 그러나 철제 레일 제조업자가 다른 장비 없이 성스러움만으로 뜨거운 철 제품을 다룰 수 있는 성자들을 충분히 고용할 수 있다는 가정하에 그의 공장을 설계한다면 그가 노동문제를 겪을 것은 뻔한 일이다.

이것이 요점이다. 인간 존재의 우아함과 존엄성과 가치 있는 인간의 품성을 굳이 경멸하거나 마땅한 존경심을 거둘 필요는 없다. 그러나 오늘날 세계가 직면하고 있는 많은 경제 및 산업 문제들에서 그런 인간의 품성은 그 자체로는 전혀 이슈가 되지 않는다.

생산의 메커니즘으로 고려하자면, 근대 공장이나 농장의 효율성이 피고용자들의 도덕성 결여 때문에 심각하게 손상된다고 주장할 수는 없을 것이다. 판단력과 정보력이 없는 대중들을 향해서 '태업'이나 노동조합 규약과 게으른 노동자들이 경기 부진에 책임이 있다는 의견이 익숙하게 제시되지만, 오직 감상주의자들과 생산과 관계없는 중간 관리자들만이 이에 대해 진지한 관심을 보인다. 그런 행동은 평범한 질문을 복잡하게 만들며, 서로 비난하는 소음 속에 진짜 원인을 가린다. 오늘날 웬만한 제조업자는 가격과 원가에 대한 규제가 제거되기만 한다면, 그에게 어떤 생산량을 요구해도 다 해낼 수 있다고 여길 것이다. 간단히 말해서, 근대의 고용자가 직면하고 있는 난관은 생산의 어려움이 아니라, 그 자신과 피고용인들 및 구매하는 대중 모두가 이해 당사자가 되는 계약 조건에서의 어려움이다. 따라서 만약 자신의 의지를 세계의 나머지 사람들에게 관철시킬 수 있는 사람들 대다수가 세계의 전체 생산 시스템을 정부 형태로 운영하고자 결정한다고 할 때, 그것이 불가능한지는 아직 확인되지 않았다. 그러나 다음의 두 가지를 동시에 할 수 없다는 사실은 이미 명백히 증명되었다. 하나는 생산물의 배분을 자의적으로 제한하는 것을 포함하는 상벌 제도를 부과하며 생산과 분배 시스템을 정부를 위한 수단으로 삼는 일이고, 다른 하나는 그것을 운영하는 사람들의 최소의 시간과 노동을 투입해서 최대의 재화와 용역을 생산하는 가장 효율적인 장치가 되게 하는 일이다. 이 점은 반론의 여지가 없다.

이런 문제를 냉정하게 논의하면 논쟁은 악순환에 빠지기 쉽다. 당장 직업 없이는 살아갈 수 없는 사람들을 위한 정상적인 일자리를 찾기가 확연히 더 어려워지는 상황에 직면해서, 실업자도 살수 있는, 즉 고용되지 않고도 '보상'을 받을 수 있는 대책을 도입하는 일이란 부도덕할 뿐만 아니라, 그들을 도덕적으로 타락시켜서 이후의 고용에 부적합하도록 만든다는 주장이 제기된다. 이 주장의 순환적 속성을 잠시 무시한다면, 흥미롭게도 이에 반대되는 증거들이 많고, 이를 지지하는 증거는 거의 없음에도 불구하고 그 주장이 매우 일반적으로 수용됨을 알 수 있다. 제1차 세계대전 발발 전에 일자리가 없어서 그저 최악의 상태만을 앞두고 있던 어린 아이들이, 오히려 1914년에서 1919년까지의 비상시에는 공동체의 가장 성공적이고 유용한 구성원들이 되었음은 악명 높은 사실이다. 그렇지만 자유의 힘을 한번 맛본 사람들에게 아무런 개선이나 해방의 전망도 제시하지 않은 채, 장시간의 기계적인 허드렛일을 하도록 다시 설득하기란 거의 불가능하다. 그리고 지난 십 년간 근시안적인 다수의 고용주들이 피고용자들의 근무 분위기에 끼친 해악을 비통해하면서, 이 사실을 그들 마음속 깊이 새기고 있는 것이다.

세계의 불안정과 관련된 이 모든 문제들에 대해 확실한 해답을 얻기 위해 사실관계를 잘 이해할 필요가 있다.

기본적인 사실은 우리가 지금 이 순간 세계의 소비 증가율보다 훨씬 더 큰 증가율로 재화 및 서비스를 생산할 수 있고, 우호적인 환경에서는 이런 재화 및 서비스의 생산과 배송이 하루에 7시간 일하는 가용 노동력의 25%를 넘지 않는 고용으로 달성될 수 있다는 점이다. 그리고 1마력의 에너지를 1시간 동안 생산 과정에 투입함으로써 적어도 사람 1명이 하는 10시간의 노동을 대체할 수 있다는 것 또한 가능하다. 생산 목적으로 쓸 수 있는 기계 에너지의 양은 사용 가능한 에너지의 극히 일부일 뿐이라는 것도 사실이다. 따라서 이런 점들로 미루어 다음과 같은 추론이 가능하다. 주어진 생산 프로그램에서 필요한 노동시간의 양은 빠른 속도로 감소하고, 거꾸로 동일한 노동시간에서는 생산량이 증가할 수 있으며, 또한 이 둘의 어떤 바람직한 조합이 마련될 수 있다는 점이다. 그러나 실제로는 주어진 프로그램에서 노동시간당 증가된 생산량이 고용을 감소시켰다. 그리고 사실상 지난 수십 년간 우리는 실업 문제로부터 자유로웠던 적이 한 번도 없었다. 또 지난 50년간 어떤 산업국가에서도 자체적으로 생산한 것을 가용한 노임과 봉급, 배당만으로 모두 구매할 수 있었던 적이 없었고, 결과적으로 모든 산업국가들은 그들의 제품을 수출할 시장을 찾아야만 했다.

그래서 우리는 다음과 같은 하나의 대안을 마주하게 되었다. 이제 우리의 주요 목표는 고용 시스템과 함께 노임, 봉급, 배당 시스템, 그리고 그 모든 것들과 긴밀하게 얽혀 있는 도덕적 규율이다. 그렇게 정하고 나서, 우리는 은행들과 공장들과 수송 시스템을 포함한 산업 시스템은 각 개인들이 그 안에서 협력하도록 유인하는 원인인 재화에 대한 필요 때문에 존재하지 않고, 도덕적 목적을 위해서 존재하며, 또한 그 도덕적 목적은 그 시스템과 그것의 기본적인 구성 요소인 고용의 중개를 통해서만 달성 가능하다고 결정했다. 그리고 추구해야 할 실제적인 정책은 러시아 혁명의 토대가 되었던, 또는 그랬다고 말하는 것이다. 그것은 주어진 생산 프로그램에 필요한 노동시간을 세계 전체 인구의 노동시간과 동일하게 하는 것이다. 그래서 어떤 강력한 조직이 어떤 노동이라도 할 수 있는 모든 사람들을 하루에 8시간 또는 다른 적당한 시간 동안 일하도록 하는 것이다. 이 목적을 달성하기 위해서 노동 절약형 기계의 사용은 절제되어야 하고, 모든 과학적인 노력은(러시아에서 초기에 그랬던 것처럼) 산업에서 제거되어야 한다. 특히 근대적 도구들과 공정들 그리고 다양한 형식의 태양에너지를 산업에 적용하는 것은 강력히 억제되어야 한다. 이런 대안에 실패하면, 우리는 구덩이를 파고 그것을 다시 채우는 일을 해야만 한다. 이 모든 것은 정통적인 고용주뿐 아니라 (비록 그가 깨닫지 못하더라도) 정통적인 사회주의자가 지닌 태도의 논리적인 귀결이므로, 이 점을 명확히 인식해야만 한다. 세계는 이 사안에 대해 아직 사려 깊은 판결을 유보하고 있기에 사례와 증거가 확보되어야 한다. 한편, 현재 세계를 둘러싸고 있는 전쟁과 경제적 파국의 분위기조차 완전고용이라는 숭고한 도덕적 목적을 이루기 위해서는 바람직한 수단으로 받아들여져야 한다.[5]

또 다른 대안은 세상에 대해서는 규율의 필요성을 인식하는 반면, 근대적 생산공정을 고려하는 데는 규율의 필요성을 개의치 않는다. 그 대안은 사실들을 조사해서, 한편으로 인간의 에너지를

---

**5** 생산기술의 발달로 필요한 노동력, 즉 고용이 감소하는 현실적 상황에서, 그 사회가 완전고용을 도덕적 목적으로 정하는 경우에는 그 기술을 폐기하거나 아니면 불필요한 일자리를 인위적으로 만들 수밖에 없게 된다. 이런 상황에서 전쟁은 그 파괴적 성격으로 인해 끊임없는 생산, 즉 고용을 제공할 수 있는 유효한 수단을 제공한다. 더글러스는 여기서 전쟁의 필요성을 말하고자 하는 것이 아니라, 잘못 지향된 목적이 얼마나 파괴적 결과를 초래하게 되는가를 경고하고 있다. 그러나 세계 경기의 회복이 궁극적으로 제2차 세계대전을 통해 이루어졌다는, 이후의 역사 진행을 통해 그의 우려는 실현되었다.

태양에너지로 대체하면서 다른 한편으로는 노동만이 재화에 대한 유일한 청구권이라는 주장에 근거하여 금융과 산업 시스템을 보유하는 것이 내재적으로 양립 불가능하다는 사실을 인식한다. 그 대안은 재화의 공급을 목적으로 삼지만, 그 목적을 항상 인간 개인의 하위에 둔다. 그것은 정의 같은 추상화와는 아무 관련이 없다. 사람은 일을 좋아하는지 여부를 굳이 캐묻지 않으면 남들보다 두 배로 일하고, 재화를 얻는 어려움을 모르면 남들의 두 배만큼 재화를 원한다는 사실에 대해서는 굳이 별다른 언급을 하지 않는다.[6] 그저 그런 정책이 작동할 뿐 아니라, 눈에 보이는 유일하게 작동하는 정책일 것이라 추정하기에 충분한 데이터를 갖는다고 본다.

산업 문제에 관해 벌어지는 논의들 중 대부분은, 토론자들이 자신들의 주장이 가진 전제를 깨닫지 못하거나, 대체로 이슈가 되는 질문 전체를 요구하는 단어들('정의'는 그런 단어들의 한 예다)을 사용함으로써 결론에 도달하지 못한다. 기독교가 구약의 개념들 및 그리스도 이전 시대의 이상들과 충돌을 일으키는 근본적인 생각들 중 하나가 이런 추상화의 폐기에 관한 것이라 해도 과언이 아니

---

**6** 사람들의 근면이나 탐욕과 같이 고전적 사고에서 말하는 '마음', 즉 인간의 품성을 문제 삼지 않고, 실제로 어떻게 행동하는가라는 사실만을 고려한다는 의미다.

다. 그것이 바로 성육신 이론에 의해 제시된 이슈다.[7]

---

**7** 성육신(incarnation)은 예수가 인간의 몸으로 세상에 태어났음을 뜻하는 말이다. 산업 문제에 대한 논의가 기술 향상으로 고용이 감소하는 현실을 무시하거나 상벌 원칙에 따라 일해야 대가를 받는다는 추상적 도덕원리를 설정해서 고용을 절대화하는 상황에 대해, 예수가 직접 이 땅에 내려와 몸소 실천한 것처럼 현실에서 작동하는 바에 따라야 한다는 의미다.

# 3장
## 개인에 대한 집단의 관계

우리는 상벌 이론에 지배되는 세계에 살고 있기 때문에, 시스템과 그 결과 사이의 관계를 모르고 지나치기 쉽다. 예를 들어서, 현재 우리가 겪는 고통이 세계대전의 결과로 우리가 가난한 나라가 되었기 때문에 생긴 것이라는 이야기를, 대중의 눈으로 볼 때는 아주 특권적인 사람이 펼친 주장처럼 강한 어조로 듣고 있다. 이 말에 담겨 있는 생각은, 전쟁은 사악하고 가난은 고통스러우며, 전쟁에 참여했던 사악한 사람들은 고통을 견뎌내야 하기 때문에 우리는 가난해야 한다는 것이다. 그리고 이 도덕적인 논리 때문에, 그 생각이 명백하게 불합리하다는 것을 지켜봐야 하는 수백만의 사람들에게 거의 의심 없이 받아들여지고 있다. 이 나라에서, 혹은 이 문제에 관한 한 어떤 다른 나라에서라도, 누군가가 제품 주문을 받았을 때 더 많은 제품을 만들어내라고 재촉하지 않을 제조업자가 한 명이라도 있을까? 또한 자신에게 쏟아져 들어오는 농산물에 대한 수요를 자신이 가진 땅과 재고로는 감당할 수 없다고 불평할 농민이 있을까? 만약 그렇다면, 지난 12년 동안 거의 3 백만 에이커의 경작지가 다시 초지로 전환된 이유를 설명하기 어려울 것이다.

반면에, 인류가 사용할 수 있는 이런 방대한 실제적 및 잠재적 제품의 보유고에도 불구하고, 인구의 상당 부분은 그것을 얻을 수 없다. 그렇다면 이 거대한 공급의 보유고와, 소리는 내지만 그 수요를 충족시킬 수는 없는 대중의 커가는 아우성 사이에 무엇이 서 있는가? 그에 대한 답변은 너무 간단해서 진부할 정도다. 그것은 화폐다. 앞으로 우리가 살펴보겠지만, 화폐와 화폐가 관리되고 조작되는 방법이 세상에 가져다준 지위는 화폐로부터 떼어낼 수 없는 어떤 결함이나 악덕에서 나오는 것이 아니라, (실제로 화폐는 세상에서 여태까지 고안한 것 중에서 협력을 가능케 하는 가장 놀랍고 완벽한 중개 수단 중 하나일 것이다) 이 강력한 수단이 '숨겨진 정부'라고 불러도 좋을 어떤 목적에 종속되어 있기 때문이다.

정책이 비록 명백하지는 않다고 해도 아무런 정책도 갖지 않은 정부를 (비록 그에 반대하는 수많은 냉소주의가 있음에도 불구하고) 상상하는 것은 불가능하다. 정부라는 개념은 어떤 일련의 행동을 금지하고, 통치되는 개인들은 오직 미리 정해진 방향으로 나아가는 것만 허용할 것을 상정한다. 달리 말해서 정부는 규제며, 규제라는 본성으로부터 규제를 부과하는 조직의 정책을 결정할 수 있다. 예를 들어서 광범위한 군비 증강이 반드시 전쟁을 의미하지는 않는다는 것이 진실인 반면, 이 진술에 담긴 단서는 그런 준비가 만들어내는 주요 위협이 군사력을 실제로 사용하지 않고도 원하는 결과를 달성하기 충분할 것이라는 점이다. 군비 증강은 특정 방향으로 행동에 제한을 가하는 것이며, 그럼으로써 국가정책의 가치 있는 암시가 된다.

이와 같은 맥락에서, 만약 우리가 이제까지 언급했던 상황을 냉정하게 고려해보면, (물질적인 부가 실제적·잠재적으로 넘쳐나는 세계와 동시에 법률적 기구가 고안할 수 있는 모든 방법으로 지지된 일련의 규칙들로 인해 그런 물질적인 부를 가질 수 없는 사람들) 존재의 원천이 무엇이든 간에 유효하고 활동적인 정부가 현재 존재하고 있으며, 틀림없이 어떤 정책을 가지고 있다고 말할 수 있다. 아무리 소수더라도 사람들의 단체에 의해 명확하고 논리적인 형태가 주어졌기 때문에 그 정책이 의식적이라거나, 혹은 그것이 우리가 인간 본성이라고 부르는 것의 결과물이기 때문에 무의식적이라는 주장의 타당성 여부는 우리의 시급한 목적을 위해 중요치 않다. 중요한 사안은 만약 우리가 어떤 자치 수단을 가져야 하는 데 동의한다면, 그 수단을 지지하거나 혹은 반대하는 첫 단계로서 그 정책이 무엇인가를 명확하게 아는 것이다.

상벌 원칙에 의존하는 사회적 이상에서 관찰되는 첫 번째 사실은 집단 이념의 고양과 개인주의의 최소화다. 즉 개인을 국가에 종속시키는 것이다. 이런 생각을 드러내는 경우들은 거의 끝이 없다. 우리는 국가적, 계급적, 국제적 이념을 가지며, 인종, 학교, 소속 부대, 직업 등으로 개인을 정의한다. 이런 모든, 또는 셀 수 없이 많은 다른 형식의 집단과 그 집단을 구성하는 개인들 간의 정확한 관계는 아주 미묘해서 알아내기 어렵다. 그러나 문제를 개괄하자면, 공통적인 문제는 개인이 집단에 희생해야 하는가, 아니면 거꾸로 개인들이 집단 활동의 결과물을 마음대로 처분하게 해야 하는가를 정하는 데 놓여 있다. 우리가 이 문제를 산업과 경제의 상황과 연계하여 생각한다면, 현재 개인을 집단에 종속시키려는 모든 여건들이 조성되어 있음은 반박의 여지가 없다. 겉보기에는 공유하는 것이 하나도 없고 사실상 극심하게 대립되는 듯 보이는 기관들도 자세히 살펴보면, 이 생각을 공유하고 있으며 거기에 근본적인 적대감을 전혀 갖고 있지 않다. 전쟁 전의 독일은 항상 다른 어떤 열강과도 비교될 수 없는 정도로 반동적이고 봉건적이며 군국주의적으로 보였다. 전쟁 뒤의 러시아는 불만스러운 노동자들로 구성된 거대한 대중으로 인해 이 모든 것의 정반대로 보여졌다. 그러나 양자 간의 유사성은 나날이 더 명백해지고 있으며, 세계대전에 의해 좌절된 이상을 수행한다는 활기찬 희망으로 점점 더 많은 독일 지도자들이 전쟁 후의 러시아로 몰려 갔다는 사실은 익히 알려져 있다. 산업 안건에 대한 러시아 정치인들의 최근 발언은 미국이나 독일, 영국 은행가들(이들의 발언이 온전히 칭찬으로 의도된 것은 아니다)과 다르지 않다. 이들 네 나라에서 터져나오는 주장은 한결같이 군중심리에 호소하고 있다. 말하자면 "유럽을 되살려야 한다", "전 세계의 노동자들이여 단결하자" 등과 같은 것들이다. 그런 호소는 의식 있고 합리적인 개인들이 아니라 의식 없는 무리의 본능을 향한다. 우선시해야 할 '이익'은 개인이 아니라 군중의 '이익'인 것이다.

그것을 둘러싸고 있는 암묵적인 공모로 인해 이중으로 어렵게 된 문제, 즉 유대인 문제라고 알려진 것과 관련해서 생각하지 않고는 이 주제에 대해 제대로 고려할 수 없을 것이다. 상벌 이론은 구약의 모세에서 기원하고, 금융과 법률도 그 주된 영감은 동일한 원천에서 오는 것이며, 견제 없는 집산주의集産主義(collectivism)[8]의 논리적 귀결들을 보여주는 전쟁 전의 독일이나 전쟁 후의 러시아 같은 나라들은 유대인 지도자들의 직접적인 영향에 따랐다. 유대인들은 다른 어느 곳보다 인종주의적인 관점을 보인다. 또 삶의 행보에 있어서 그들의 성공은 주로 그들 자신의 이상에 부합되는,

---

**8** 집산주의는 주요 생산수단을 공유하는 것을 이상적으로 보는 정치 이론이다. 넓은 의미로는 공산주의와 함께 경제적 민주주의의 반대 개념으로 쓰인다. 그러나 좁은 의미로는 소비를 개인의 자유에 맡겨야 한다는 점에서 공산주의와 구분된다.

환경에 대한 그들의 적응력 때문이다. 유대인들은 사회주의, 페이비언주의,[9] 또는 '거대 사업' 등 어떤 이름으로 위장하고 있든지 간에 그 모든 형태의 집산주의를 옹호한다. 따라서 집산주의를 반대하는 사람들은 집산주의 이론 자체를 고발하면서, 그 주범으로 유대인을 고려해야 한다. 그러나 강조하건대, 어떤 경우에도 심리審判의 대상은 개인이 아니라 집단으로서의 유대인이고, 그에 대해 필요한 처방이라면 이는 그들의 집단행동을 분쇄하는 일일 것이다.

집산주의에서 그 강조점이 개인으로부터 집단으로 이동하는 것은 논리적으로 행동에 대한 책임의 이동을 내포한다. 이는 이 이론의 타당성에 대한 흥미로운 테스트가 될 수 있다. 예를 들어 한 사람이 다른 사람을 개인적으로 죽이는 것을 우리는 살인이라고 부른다. 그러나 우리는 집단적인 대규모 살육에 전쟁이라는 이름으로 권위를 부여하며, 특히 상관의 지시에 의해 저지른 행동에 대해서는 어떤 결과라도 개인의 책임을 사면해준다. 행동의 결과가 잘 관찰될 수 있는 상황에서 발생하지 않는 한, 이런 일은 아주 잘 작동하는 듯이 보인다. 그러나 관찰되는 즉시 그 이론은 명백

---

**9** 페이비언주의(Fabianism)란 사회주의의 강령을 혁명적 수단보다는 점진적이고 개혁적으로 수행하는 사회주의의 한 분파다. 점진주의라고도 한다.

히 틀린 것으로 드러난다. 하나의 **가설로서** 말하자면, 전쟁에 나가는 개인들에게 어떤 도덕적 죄책감을 귀속시킬 수는 없지만, 고속으로 날아가는 총알 앞에 끼어드는 행위의 결과는 국가의 적이 쐈든 아니면 개인의 적이 쐈든 간에 같다. 제1차 세계대전을 일으킨 것은 국가들한테 혐의가 있지만, 인명과 재산상의 피해는 개인들이 입은 것이다. 실효성 있는 국가적 책임이란 존재하지 않는다. 그것은 국가라는 미명 아래, 만약 사적인 통치자에 의해 가해졌다면 참지 않았을, 개인에 대한 억압과 독재가 제대로 된 비판을 피해나간 순수한 추상화일 뿐이다.

우리는 법정에서 살인자의 심리와 처벌에 따르는 반자동적이고 인위적인 반작용과는 구별되는, 한 개인이 다른 개인에게 저지른 살인에 따르는 자동적인 반작용이 무엇인지 모른다. 그러나 우리가 잘 알고 있는 행동의 모든 지평에서 작용과 반작용은 동일하고, 서로 반대 방향이며, 전적으로 자동적이라는 것을 알고 있다. 따라서 주어진 행동의 자동적인 결과는 상관의 지시에 의한 것이든 아니든 간에 어떠한 차이도 보이지 않는다. 더구나 반자동적인 '처벌'은 실제로 별도의 작용과 반작용의 집합을 구성한다.

고요한 물웅덩이에 돌멩이 하나를 던져서 생긴 파문은, 두 번째 돌멩이를 던짐으로써 가려질 수는 있지만 완전히 제거되지는 않는다. 법적 처벌이 첫 번째 돌에 의한 파문이 아니라 두 번째 던진

돌을 대상으로 하는 이상, 복잡하게 얽힌 상황은 불가피해 보일 것이다.

# 4장
## 가입과 탈퇴의 자유

집단을 개인 위로 격상시킨 결과는 러시아나 독일 같은 국가들에서 충분히 드러났을 뿐 아니라 다양한 글을 통해 자주 지적되어 왔다. 그러나 그 점이 보편적으로 인식되거나 이해되고 있다고 말하는 건 지나치게 낙관적이다. 그 이유를 찾기는 어렵지 않다. 시간이 갈수록 대다수의 사람들이 혐오하게 되는 정책들이 민주주의, 정의, 평등 같은 거창한 어휘들을 사용함으로써 오히려 상당한 지지를 끌어낼 수 있는데, 그것은 단어의 의미를 왜곡하면 얼마든지 가능한 일이다. 그런 식의 호소는 마녀사냥을 정당화하려고 환기시키는 감정을 겨냥해 이루어진다. 대중들에게 이해시키기 힘든 점은 집단이 그 자체로서의 삶을 지닌 독립적인 실체라는 사실이다.

또한 집단은 그 구성 단위인 인간들의 무수한 이익들이 **아니라** 자신의 '이익'을 지닌 집합적 실체이며, 이때 집단에 대한 자유의지의 포기는 대부분의 개인들이 쟁취하려 애쓰는 무언가의 포기를 필연적으로 의미한다는 사실이다. 그러나 이 집단의 실체는 그 목적에 가담하는 개인들 각자가 아니고는 내칠 수도 없고, 집단적 영혼을 구제할 수도 없다. 심지어 그 집단의 지도자들마저 집단의 이익에 봉사하는 한에 있어서만 지도자이며, 사실상 서열이나 대오에서 가장 하찮은 구성원과 마찬가지로 그 집단의 노예인 것이다. 이는 산업 수장들에게 그 개인들이 아니라 그 직무에 귀속되는 속성을 귀속시킬 때 명심해야 할 사실이다. 물론 '대장' 노예 또는 감독하는 노예들은 대체로 노예제도의 강력한 지지자들이라 할 수 있다.

아직까지 근대 세계는 집단 사고를 자유롭게 사용해야만 운영될 수 있다. 우리가 알고 있는 한, 인류가 충분한 음식과 의복과 피신처를 구하기 위해 일상의 대부분을 쏟아야 할 상황으로부터 자유로울 수 있는 거대한 협력적인 프로젝트를 하고자 한다면, 그 사업에 관련된 사람들에게 주어진 정책, 예를 들자면 생산 정책에 대한 그들의 복종이 있어야만 한다. 물론 이는 일종의 상식이고 통상적으로 확인된다. 그리고 그렇게 형성된 집단 이익과 개인 이익 간의 관계가 합당할수록 이 주장은 모든 면에서 확고해진다. 그러나 이런 복종과 관련해 두 가지 자격 요건이 있다. 첫 번째는 복종이 요구되는 기간 동안의 연<sup>年</sup> 단위, 일<sup>日</sup> 단위의 소요 시간과 연관된다. 그리고 이미 관찰된 바와 같이 근대 과학과 조직의 자

유로운 활동은 특정 조건하에서 소요 시간을 단기간 안에 최소한
으로 감소시키는 경향이 있다. 두 번째는 '가입과 탈퇴의 자유'라
는 구절에 담겨 있다.

오늘날 스포츠 영역 외에는 그런 자유가 존재한다고 보기 어렵
다. 만약 내가 크리켓 클럽에 가입한 뒤에 게임을 좋아하지 않거
나 그 클럽의 운영 방식이 마음에 안 들면, 나는 대개 추가적인 위
약금 없이 자유롭게 클럽을 탈퇴할 수 있다. 그렇게 하면 단지 소
속을 잃고 그로 인해 크리켓 경기에 필요한 시설과 장비를 사용하
지 못할 뿐이다. 그런데 만약 내가 어떤 직업을 갖거나 사업을 시
작한 뒤에 일 자체나 일하는 방식이 마음에 안 들면, 물론 나는 자
유롭게 그 일을 그만둘 수 있다. 그러나 이때 치뤄야 할 위약금은
단순히 소속을 잃거나, 일이나 사업에 필요한 시설과 장비를 빼앗
기는 것을 훨씬 뛰어넘는다.

그것은 나 자신과 내 가족에 대한 경제적인 파국을 의미한다. 달
리 말하면, 나는 아주 극한 방식으로 상벌 원칙과 직면하게 된다.
왜냐하면 내가 일을 그만두고 났는데도 이전에 내가 하던 작업이
처리되지 않은 채 그대로 있을 거라고 말하는 것은 터무니없기 때
문이다. 만약 그 일이 견딜 만하거나 견딜 만한 조건하에서 이루
어진다면 그 일이 처리되지 않는 일은 없을 것이다. 보통의 결말
은 내가 이런 속성을 지닌 내 소속 관계를 그만두지 않거나, 적극

적으로 비판하지 않는 것이다.

덧붙여 말하자면, 현재의 금융 수단에서 행사되는 '파업권'(right of strike)의 부조리함은 단지 최근에서야 노동당과 그 당원들에게 이해되기 시작했다. 쟁의의 한쪽 당사자가 필요에 따라 스스로 자신의 예금을 창출할 수 있는 금융기관에서 수표를 발행하며 (비록 무한정은 아니더라도) 꽤 장기간 싸움을 지속할 수 있는 데 반해, 쟁의의 다른 당사자는 '노동'에 의해서만 생계 수단을 얻을 수 있다면, 이들이 일을 거부할 수 있는 권리는 기껏해야 자살할 수 있는 권리에 불과하다. 일본에서 적에게 해를 입히는 수단으로서 행해졌던 할복의 쇠퇴는, 이제 자살이 구경꾼에게 공포감조차 일으키지 못하고 있음을 보여준다.

영어에는 다른 어떤 단어보다 자유라는 단어에 관해 터무니없는 이야기와 글들이 많다.[10] 그 결과로 우리는 자유라는 단어는 닳아빠지고 신임을 잃었다는 무솔리니의 주장을 듣게 되었다. 하지만 무솔리니가 틀린 것이다. 볼셰비즘과 파시즘은 비록 서로가 적인 듯 보이지만 기원을 포함해서 많은 것을 공유한다. '자유가 아닌 것'이 무엇인지를 직접 보여줌으로써 대중의 마음속에 자유를

---

**10** 원문에는 liberty와 freedom 두 단어를 언급했으나, 한글 번역상 의미가 같아서 여기서는 '자유'라는 한 단어로 축약했다.

둘러싼 오해의 상당 부분을 제거하는 데 이 두 집단이 필요했다. 그럼에도 불구하고, 자유는 원래의 자리로 돌아올 것이다.

자유란 그것을 얻기는 어렵지만 그 자체는 진정 단순한 것이다. 그것은 한 시점에 하나의 사물을 선택하거나 거절할 수 있는 권리다. 모든 행동에는 결과가 따른다는 것은 거부할 수 없다. 그러나 일상생활에서 이루어지는 행동의 결과들이 모두 필연적인 결과인 것은 결코 아니다. 내가 고속도로에서 시간당 40마일로 차를 몰았을 때, 시간당 20마일로 몰았을 때보다 목적지에 빨리 도착하는 것은 자연스러운 결과다. 그러나 내가 제한속도 위반으로 벌금을 부과받는다면, 그것은 인위적인 결과다. 내가 시뻘겋게 달아오른 철 막대기를 잡아들었을 때, 내가 꼭 불에 데일 필요는 없다. 석면 장갑을 낄 수도 있는 것이다. 인위적이고 원치 않는 일련의 결과들을 만들기 위해 다양한 조항의 '법률' 또는 조건으로 행동을 구속하는 것은 자유를 침해하는 것이다. 그리고 많은 경우에 있어 범죄를 만드는 것이 법률이듯, 법률을 고안하는 것은 어리석은 일이다.

만일 내가 골퍼로서, 일주일 내내 하루 종일 골프만 치고 싶다고 말한다면, 그것은 사실상 나는 다른 사회적 의무는 말할 것도 없고 생계유지와 같이 내게 정상적으로 부과되는 제약들로부터도 자유롭기를 요구하는 것이다. 이런 종류의 가상 사례와 연관해서

늘 제기되는 추상적인 비판이란, 만약 모든 사람이 일주일 내내 하루 종일 골프만 친다면 세상은 생활필수품 부족 때문에 멈추게 될 것이라는 주장이다. 그러나 이런 식의 접근은 오류일 뿐 아니라 무용하다.

유용한 접근 방식은, 그렇게 할 자유가 있을 때 과연 얼마나 많은 사람이 그 정도까지 원하며, 그 숫자가 생산 프로그램에 어떤 영향을 미칠까를 고려하는 것이다. 그리고 주체의 실제적인 자유가 늘어날 가능성은 (현상 유지를 지지하는 사람들이 끊임없이 주장하는 것처럼) 개인들 간에 권리를 두고 계속 타협해야 하는 상황에 의존하지 않는다. 오히려 이는 자동적이지 않으며, 또 소위 자연의 법칙이라 부르는 것에 의하지 않는 규제를 제거하려는 지속적 시도에 의존한다. 이런 관점에서 지금 우리가 규제들의 입법을 고려하는 것에 대해 결코 낙관적으로 생각할 수 없음을 인정해야 한다.

근대의 연역적 과학은 문제에 대한 공략 방법에 있어서 정치와 입법부에 놀라운 교훈을 제공한다. 그것은 우주의 어떤 유효한 힘의 존재를 인식할 때, 이 힘의 본성을 확인하고 이를 취해 원하는 결과를 얻으려면 그것을 가져다가 조합해야만 결과적으로 그 공략이 성공한다는 교훈이다. 그러나 우리의 근대 문명 전체는 고작 우리가 부여한 유효성만 지닌 수많은 규제들에 의해 둘러싸여 왜곡과 혼란에 빠져 있다.

이 사실의 중요성을 의심하는 사람이 있다면, 일간신문을 집어 들고 지금 주의를 끌 만한 어떤 상황에 관해 기자들이나 필진이 제안한 내용에 대해 생각해보라. 자동차 사고가 일어났다? 그렇다면 자동차 사용에 관한 신규 규제를 부과하는 새로운 법안이 통과되어야 한다. 런던 이스트엔드(East End)[11]에서 파업이 일어났다? 그렇다면 파업을 불법화시키는 법률이 통과되어야만 한다. 도로를 만들 수 있고 취업을 원하는 수백만 명에 이르는 실업자와 불완전 고용 상태의 사람들, 자동차 사고의 95%는 (피할 수 있는) 교통 체증과 오래된 도로에 원인이 있다는 사실, 그리고 이 두 현상들 간의 연계는 첫 번째 사건과 관련해서 아마도 가장 마지막에야 언급되기 십상이다. 그리고 이스트엔드에서 파업하는 노동자들을 다시 일할 수 있도록 하는 데 필요한 실제 재화의 양이 가용한 재화의 양에 비하면 아주 사소할 정도로 적다는 사실은 두 번째 사건과 관련해서는 아예 언급되지조차 않는다.

그러나 지금 법치주의의 전체 조직을 한 방에 파괴해버리는 일이 환상이며 실현 불가능한 것은 아니다. 그렇게 극단적인 일이 가능하기 위해서는 물리적이고 심리적인 규제의 본성 및 관계를 결정하는 데 해야 할 일이 많다. 그런 목표를 인식하고, 이를 위해

---

**11** 전통적으로 노동자 계층이 거주하는 런던 동부 지역을 가리킨다.

일할 수 있다. 더구나 이 일은 시급하다. 특히 미국에서 법치주의는 하나의 강박이 되고 있다. 그러나 자동적이지 않은 법률은 매우 불안한 근거를 갖는다. 우리가 유럽이나 미국의 주요 언론에서 문명이 휘청거린다는 글을 읽을 때, 그 필자들에게 위험하게 보인 것은 바로 이 반자동적인 규칙과 규제들로 짜여진 조직이라는 것을 쉽게 추론할 수 있다. 산소와 수소를 결합하는 법칙, 또는 절벽에서 떨어지는 돌멩이의 가속도는, 월가나 롬바르드가[12]에서 중요하게 생각하는 사건들 중 어느 것으로부터도 심각하게 위협받지 않는다.

상황이 그렇기 때문에 사려 깊은 관찰자의 마음속에 그려지는 그림은 아마도 비계飛階[13]와 가설물로 뒤를 기대고 있는 다리의 모습일 것이다. 완공은 지연되고 있으며 그 다리가 건설되는 데 필요했지만 이제는 더 이상 필요 없는 구조물을 제거하지 못해서 윤곽선들은 흐릿해져 있다. 세상 사람들은 요란하게 다리에 올라가기를 요구하는데, 그들 대부분은 가짜 구조물에 의해 지지되고 있다. 문제는 그것을 진짜 구조물이라고 여기고 벌떼처럼 기어오르는 대중들을 대재앙으로 내몰지 않으면서 가짜 구조물을 걷어내

---

**12** 월가는 미국의 금융가, 롬바르드가는 영국의 금융가를 뜻하므로 결국 금권주의자들을 의미한다.

**13** 높은 곳에서 공사를 할 때 임시로 설치하는 발판 등의 가설물을 가리킨다.

는 일이다. 불행하게도 다리에서 작업 중인 다수의 현장 감독들은 진짜 구조물과 비계를 구별할 능력도, 의사도 없는 듯 보인다.

# 5장

## 태업과 문화적 유산

상벌 이론과 긴밀히 연결되어 있는 개념이 소위 '가치' 이론이다. 여기서 가치란 그 어휘의 정통적인 의미에 걸맞게 현재 상황에서 최대의 교환 가능성을 제공하는 속성이다. '상벌'과 음식의 평가쯤 되는 '정의'(Justice), 그리고 그 음식을 평가하는 기준에 해당하는 '가치'(Value), 이 세 가지는 셈족 사회구조의 주춧돌이라고 말할 수 있다.

'가치'의 속성이 갖는 근거는 주어진 목적을 달성하는 데 주어진 대상을 쓰도록 하는 성질에 있다. 그러나 신중히 숙고해보면, 이 정의는 앞에서 기술한 좀 더 정통적인 속성과 결과적으로 상반된다는 것을 알 수 있다. 예를 들어 내가 큰 강을 건너야 할 때 나한테 바로 필요한 것은 보트다. 내게 그것의 실용적 가치는 가장 편리하면서도 빠르게 나를 강 건너로 운반하는 역량에 달려 있다. 그러나 그 가치에 대한 일반적 견해는 그 보트를 사용하기 위해 재정적으로 부과되는 금액을 납부할 나 자신 또는 다른 사람의 지불 능력에 직접적으로 달려 있다. 그리고 이것은 다시 내 필요의 절박성에 영향을 받으며, 다른 보트가 없는 경우에 더 높아질 것이다. 그런데 이런 부류의 가치는 고유한 것이 아니라는 점을 인식해야 한다. 그것은 보트의 단순한 유용성과는 동떨어진 것이다.

이런 생각의 차이로 인해, 그리고 결정적으로는 목적의 차이에로 인해, (통속적인 사고에 따르면) 용도를 지닌 어떤 것의 가치는 그 희소성에 의해 증진된다. 그리고 '가치'를 추구하는 세상이 희소성을 매개로 가치를 창출해야 한다는 사실은 비난할 여지없이 정당하고 논리적이다.

그것은 논리적이기도 하지만, 더욱 중요한 것은 그것이 실제로 발생하는 일이라는 사실이다. 공급을 초과하는 수요를 만들어 '가치'를 창출하는 과정을 광고라 부르고, 공급이 수요보다 항상 적게 공급을 제한하는 것을 기술적으로 태업이라고 부른다. 광고는 모든 광고 게시판에 전시된다. 반면 태업은 광고의 상업적 보완재로서 우리 현존 문명에 가장 널리 퍼진 특징 중 하나이면서도, 일반 대중들은 실제 태업이 일어나는 정도를 눈치채지 못하고 지나친다. 태업의 조악한 경우들은 주로 취약한 군중들 사이에서 드러남에도 불구하고, 태업은 어떤 특정 사업이나 직업 계층에 국한되지 않는다. 만약 시장에서 가용한 노동력 전부를 없앨 수 있다면 노동 가치가 곧바로 상승할 것이라는 가설이 (그렇게 부를 수 있다면) 파업이 근거하는 유일한 이론이라 말할 수 있다. 더 고상한 태업이라고 해도 이보다 다소 복잡할 뿐 원론적으로 동일하다. 거대 사업의 근대적 목적은 최소의 재화로 최대의 화폐를 획득하는 것이다. 더 정확하게 표현하자면, 최소의 총비용으로 최대의 총매출을 얻는 것이다. 결과적으로, 생산과 보관 과정에서 배분되는 '비용' 또는 구매력을 감소시키고, 필수재의 가격 담합을 만들어내는 능력이 뛰어난 사업 수완으로 평가된다.[14]

광고와 태업, 이 양자의 근거를 이루는 이론은, 그 결과와 함께 다른 곳에서 길게 다룬 적이 있다.[15] 그러나 여기서 설명하게 될 태업의 주요한 측면은 국가의 금융정책과 관련이 있다.

우리가 근대 사업(modern business)의 목적이 최소 비용으로 최대의 가격을 받는 것이라고 말할 때, 우리는 그 사업에서 수입과 지출이 최소한 동일하고 거기에 더해 수입 초과분이 최대한 커야 함을 함축한다. 다시 말해, 어떤 물품의 모든 비용은 대중에게 제시되는 물품의 가격에 포함된다. 한 국가의 경우, 현재 그러하듯

---

**14** 제품의 비용, 즉 원가는 노동력의 대가나 재료비, 보관 비용 등으로 이루어져 있다. 그리고 이런 비용의 지급은 임금노동자, 원료 공급자, 보관업자의 수입이 되고 이들의 구매력의 원천이 된다. 따라서 원가를 낮추는 것은 결국 이들 공급자들의 구매력을 떨어뜨리는 결과로 나타난다.

**15** 저자의 다른 저서인 『경제적 민주주의』(*Economic Democracy*)에서 다루어졌다. (원저자의 주석)

이, 국민들에게 국가가 제공하는 모든 서비스는 궁극적으로 세금에 의해 지불되고, 모든 정상적 정부의 목적은 그 수지의 균형을 맞추고 '차입금'을 상환하는 것이다. 말하자면, 세금 수취가 지출과 같거나 더 많게 하고, 더 나아가 금융 위계에 따라서 발생한 차입금에 대한 이자를 상환하고 미래의 추가 차입을 고려해 '국가의 신용 유지를 위한' 최대한의 잉여금을 확보하는 것이다.

이 책의 후반부에서 화폐의 메커니즘과 화폐가 만들어지는 원천에 대해 살펴볼 때, 그것이 어떤 근본적인 관점에서도 불필요하다는 것을 보여줄 것이다. 그러나 여기서는 일단 그 결과가 일반 대중의 수중에 화폐 부족을 초래하고 결과적으로 화폐의 희소성을 증진시킨다는 점을 지적할 필요가 있다. 현존하는 금융 시스템에서의 상황이 실제 그렇듯이, 만약 우리가 화폐를 차나 설탕 등과 동일한 의미에서 재화라고 가정한다면, 그리고 눈에 드러나지는 않지만 이 화폐를 재화로 거래하는 강력한 기업연합이 있다고 가정한다면, 수지 균형을 맞추고 과세를 하여 차입금을 상환하는 것이 그 재화와 관계된 이들의 주요한 관심사임을 바로 이해할 수 있다. 화폐를 거래하는 사람들은 대개 통화수축론자들이기 때문이다.

어떤 정부도 화폐 없이는 단 한 달도 지탱할 수 없다. 그렇기 때문에 화폐 딜러들이 화폐 거래에서 실질적인 독점을 행사하고 있는 한, 한 나라의 가시적인 정부는 이 필수 불가결한 도구에 관해 딜러들의 지시에 따라 지휘를 받아서 재정 정책을 만들어나갈 수밖에 없다.

마치 인위적인 상벌 이론이 그 원인과 결과의 자동적 과정을 왜곡하여 반영하듯이, 또한 가치에 대한 정통적인 생각이 적합성이라고 부를 만한 어떤 것에 뿌리를 두고 있듯이, 우리가 정의라는 이름으로 부르는 미심쩍은 추상물도 속성상 어떤 토대를 갖고 있을 것이다. 이런 하나의 사례, 특히 오늘날 막대한 중요성을 지닌 사례가 '문화적 유산'이라는 이론에 담겨 있다.

초기 빅토리아 시대의 정치경제학자들은 모든 '가치'를 세 가지 필수 생산요소인 토지, 노동, 자본에 귀속시켰다. 이 단어들에 종종 따라붙던 불만스런 의미들을 지금 계속 논의하지 않더라도, 그 세 가지가 모든 부의 원천으로 함께 정의되고, 이들 중 한 가지 이상을 지니는 것이 생산된 부에 대해 논리적으로 변호 가능한 청구권으로서, 통틀어 유일하게 유효한 청구권이라는 사실을 알 수 있다. 그러나 르네상스 이후 발명의 시대가 초래한 산업혁명 이전의 수세기 동안에는 이 주장에 그나마 진실이 있었다. 그러다가 증기기관과 방직기 등에서 절정에 다다른, 그래서 소스타인 베블런(Thorstein B. Veblen)이 (비록 완전한 의미를 파악했던 것으로 보이지는 않지만) '산업 기술의 진보'라고 부른 말[16] 속에서 표현된, 부를 생산하는 증식력에 있어서 다른 세 가지 요소를 훨씬 능가하는 네 번째 요소가 있다는 인식이 급속히 받아들여지고 있다. 분명 어느 한 개인도 여기서 독점적 지분을 가졌다고 말할 수 없다. 이것은 이미 대부분이 죽었고 그 이름마저 잊혀진, 셀 수 없이 많은 사람들의 유산이다. 그리고 그것은 문화적 유산이기 때문에 토지, 노동, 자본 등의 어떤 추가 요건 없이 전체로서의 일반 사회가 정당한 상속인임을 부인하기 어렵다. 그러나 만약 생산된 부의 소유권이 그 생산에 기여한 생산요소의 소유자에게 귀속되고, 산업 기술이라는 유산의 소유자들이 일반 주민이라고 한다면 근대 생산 시스템의 주요 소유자들이자 정당한 수혜자들은 바로 그 사회를 구성하고 있는 개인들로 볼 수 있다. 이 또한 마찬가지로 부인하기 어렵다.

오늘날 문명사회가 당면한 더욱 시급한 문제들을 해결하는 일은 사실상 부의 분배에 대한 규제(그 규제가 부의 생산에 대해서도 반작용을 하는)를 제거하는 데 달려 있다. 그래서 이 경우에 그리고 틀림없이 많은 다른 경우에도, 편의주의라는 기준에서도 정당화될

---

**16** 소스타인 베블런이 1921년에 쓴 『엔지니어들과 가격 시스템』(*The Engineers and the Price System*)에서 다루고 있다. (원저자의 주석)

만큼 손쉬운 행동 방침을 이론적으로 마련할 수 있다. 그러나 연역적인 방법에 너무 많이 의존함으로써 생기는 커다란 위험은, 본질적인 요소가 전제에서 생략되면 그 결론들 전체가 오도되고 위험해진다는 것이다.

# 6장
## 최고 국가 이론

가치라는 주제를 인간적 양상에서 다루면 중요한 점들이 많이 드러난다. 이는 아마도 인간의 공통적인 동기를 살펴볼 때 가장 정확하게 볼 수 있을 것이다. 근대의 협동적인 산업 시스템에 대해 불만을 이야기할 때, 판에 박힌 규칙적인 업무는 영혼을 말살하고, 단조롭고 재미없으며, 이에 대한 치유책은 오직 수작업으로의 복귀에서만 찾을 수 있다고 말하곤 한다.

당대 사회의 치명적인 문제에 대해 올바르게 걱정하는 '지식인'들에게서 나온 많은 비판들은 이 점을 강조하는 데로 모아진다. 그것은 근대 산업주의를 실감나게 다루면서 감상주의에 호소하는 하나의 양상이다. 그리고 같은 문제에 관해 더욱 기계적인 양상을 이야기하는 것보다 자칭 개혁가들에게 감정적으로 더 많은 보상을 주면서, 폭넓은 대중들이 잠자코 따르게 할 수 있다. 과도한 강조에 대해 의심할 필요는 있으나, 그 불평에는 확고한 근거가 있고 따라서 충분히 조사해볼 가치가 있다.

그러기 위해 우리는 동양철학 연구자들에게 친숙한 구상을 참고할 수 있다. 동양철학에서는 세계나 사회를 소우주나 개인이 더 거대한 스케일로 반영된 대우주나 '대인'으로 간주한다. 이 가설에서는 인간 개인의 모든 속성은 엄청난 스케일의 '세계인' 속에서 반복된다. 그리고 개인의 적혈구가 인간의 육체에 대해 갖는 관계와 마찬가지로, 각각의 개인은 이 세계인 또는 '세계의 왕자'와 관계를 맺는다. 이런 가설이 얼마만큼 절대적 진리에 기반하는가를 논하는 것은 이 책의 목적이 아니다. 그러나 이 가설은 제시된 인간관계 모형의 성공 여부를 측정하는 데 편리한 근거가 되어준다.

만약 적혈구가 어떤 이해관계를 가진다고 상상할 수 있다면, 적혈구의 이해관계는 그 신체를 유지하는 존재가 자신의 발전적 진화를 지향할 때만 그 신체에 관심이 있다. 사회 속의 인간 개인의 이해관계도 이와 비슷할 것이다. 독선적이거나 감상적이지 않은 어떤 구상도 공공의 이익이나 국가적 의무 같은 문구 아래 개인을 착취할 태세가 되어 있는 그런 모든 영향력들을 유발할 것이다. 그러나 우리가 보듯이 개별 인간의 확장은 사회의 발전에 의존적이라는 것 또한 사실이다. 즉 환경에 의존적이란 뜻이다. 미덕(Virtue)은 밑바닥 삶에서 **잘** 나타난다. 그러나 미덕이 **오직** 밑바닥 삶에서만 번성하는 것이라 믿는다면, 이제 미덕의 본성을 엄격하게 따져봐야 할 것이다. 만약 이런 관계가 인정된다면, 하나의 작업가설로서 인간 개인은 두 가지 측면을 갖고 있다. 그중 한가지는 기능적이고 전문화된 속성으로, 오직 그가 소속되어 있는 '대인' 즉 사회의 건강과 복지에만 관심이 있다고 추론할 수 있다. 이런 측면에 있어서 그는 직접적으로가 아니라 간접적으로 혜택을 받는다. 이것이 바로 협력적 산업주의의 기초가 되는 노동 분화라는 관점에서의 개별 인간의 위상이다. 우리의 이런 비유를 좀 더 진전시키자면, 개인은 본질적으로 어떤 한 순간에 대인의 한 가지 기능을 구성할 따름이다. 그리고 그다음 순간에 그가 또 다른 기능을 구성하는 것을 그 무엇도 방해하지 않는다. 한 사람이 아침에는 벽돌공이 되고, 오후에는 회사 이사가 되는 데 내재적으로 불합리한 점은 전혀 없는 듯하다. 사실 이런 종류의 일들이 발생한다고 상상할 만한 충분한 근거가 있다. 그러나 이 시점에서 강조할 점은, 이런 측면에 있어서 개인은 그의 개별성에 봉사하는 것이 아니라 가능한 한 최선의 방식으로 그의 환경에 봉사해야만 하며, 이렇게 수행된 노동으로부터 직접적이고 예술적인 만족감을 얻으려 하거나, 또 이를 노동의 즉각적 목적으로 삼아서도 안 된다는 사실이다. 그것은 보다 넓은 시야를 갖지 못하게 만들 수 있는 것이다.

전체로서의 사회가 스스로 개체성을 갖는다고 상상하는 것과 상관없이, 사회의 개체성은 인간 개인의 주요 관심사가 아니라고 거듭 말할 수 있다. 그것은 부수적인 이해관계며 정도를 벗어나는 이해관계라고까지 말할 수 있다. 진정한 공공 이익과 순수한 사적 이익 사이에 괴리가 없을 수 있다는 것은 대단히 개연성이 높다. 그러나 만약 그렇다면, 그 어휘들은 이미 그 의미를 상실한 것이다. 사회가 개별성을 짓밟아서 다른 개인들의 행복에 이바지할 수 없다는 것은 확실하다. 동일한 가설 아래, 인간 개인은 비록 매우 축소된 규모에서라도 잠재적이거나 활동적인 형식으로 세계 사회에 존재한다고 상상할 수 있다. 비록 노동을 위한 노동이나 수단이 아닌 목적으로서의 고용이더라도 결과적으로 그것이 순수하게 기능적으로만 이루어질 때는 반대할 수 있다. 또한 일상용어로 말해서, 어떤 정도든 간에 일반적인 환경을 개선하기에 필요한 노동시간을 줄이는 것이 바람직하기 때문에, '노동을 위한 노동'이 개인의 행복에 필수적일 수도 있다. 그 차이는 매우 미묘하면서 또한 결정적이다. 어떤 경우는 단지 만족감 때문에 스웨터를 뜨거나 정원을 가꾸거나 밀밭을 가꾸고, 심지어는 단순히 건강 때문에 그런 노동을 한다. 그리고 그 부산물로서 스웨터나 정원이나 밀밭은 아주 잘 만들어질 수 있다. 그러나 하루에 10시간, 일주일에 6일, 1년에 52주를 그렇게 일하지 않으면 생활필수품을 구할 수 없기 때문에 스웨터를 뜨고 땅을 파고 쟁기질을 한다면, 그것은 전혀 다른 경우다. 옷을 깔끔하고 편안하고 딱 맞게 차려입기 위해서 30분 정도를 할애할 수는 있겠지만, 옷을 입는 데 하루를 소비하는 것은 편집광이며 우리 선조들은 그것을 '신들린 것'이라고 불렀다. 우리가 사회의 강요로 일을 할 때, 우리는 적혈구들이지 개인이 아니다. 그것은 우리가 주로 **사회**의 이익을 위해 일을 하며, 우리 자신의 개별적인 이익을 위해서는 단지 이차적으로만 일한다는 것이다. 오늘날 사회는 랭커셔 제분소의 직공들이 작업의 변화는 최소화하면서 아주 단조로운 업무를 최대한의 시간 동안 처리하는 것이 유리하도록 구성되어 있으며, 현재의 사회 형태를 영속화하려는 경향이 있다. 따라서 만약 개인들이 그와 같은 노동문제에 관심이 없다면, 즉 그들이 로봇이라면 당대 사회는 아마도 매우 잘 작동할 것이며 아무런 어려움도 생기지 않을 것이다. 그러나 랭커셔 제분소 직공들은 각자의 개성을 개발하고 있으며, 그들의 이해관계는 현재 구성되어 있는 사회의 이해관계와 분명히 같지 않다. 어떤 방식으로든 그 사회를 구성하고 있는 다양한 단위들은 순전히 수동적인 역할에 대해 그들의 반대 의사를 분명히 표시하고 있다. 오늘날 전 세계에 걸쳐서 진행 중인 갈등은 다음의 둘 중 하나다. 하나는 사회가 개인들을 개조할 힘을 충분히 갖고 있어서 개인으로서는 이해할 수도 없고 측정의 수단도 갖지 못한 목적을 위해 스스로 순수하게 수동적인 매개자가 되는 것이고, 다른 하나는 개인이 비협조적 방식 또는 다른 방식으로 사회를 파괴하거나 개조하는 것이다. 나로서는 그 결과에 대해 의구심을 갖고 있다.

## 7장
### 화폐의 본질

앞으로 점점 더 관심을 갖게 될 주제, 즉 화폐라는 주제와 관련해, 추상적 정의와 추상적 가치라는 두 개념은 중대하게 잘못된 방향 설정을 초래한다. 세상의 화폐제도가 완벽하다고 주장하는 사람은 거의 없으며, 그나마 그런 사람의 숫자는 나날이 줄고 있다. 그러나 화폐제도의 다양한 결함들에 대해 물어보면, 그들의 대답에 '정의'라든가 '가치'라는 개념들이 얼마나 규칙적으로 동원되는지 놀랄 만하다. 그들은 화폐는 가치의 정확한 척도가 아니라고 하거나, 또는 노동에 대한 부당한 '보상'을 초래하기 때문에 결함이 있다고 말한다. 그러나 그런 비평가들에게 한편으로 석양이나 '미로의 비너스'의 상대 가치를 측정할 수단을 제시하라거나, 또 다른 한편으로 주어진 다양한 노동의 양에 대한 '정당한' 대가가 무엇이냐고 물었을 때, 그들의 대답은 대개 실용적 관점에서 전혀 도움이 되지 않는다. 소위 '가치'라고 불리는 이것을 정의하고 표준화하고, 그와 함께 구해진 표준에 재화나 용역을 대응시키는 방법을 모색하기 위해 엄청난 양의 종이와 수많은 가치 있는 날들이 소모되었다. 그 뒤로 이어진 대개의 사고방식은 이런 유행을 따른 것이다.[17]

"화폐는 가치의 표준 또는 척도다. 표준이나 척도로서의 첫째 요건은 그것이 불변할 것이라는 점이다. 하지만 화폐제도는 만족을 주지 않으며 화폐는 불변의 것이 아니다. 따라서 문제는 화폐단위를 표준화하는 것이다." 이런 일련의 논의의 결과로 망연해진 세계는 가격지표 또는 실물경제의 실제 상황에 따른 조정을 보여주기 위해, 카드 위에 구멍을 뚫는 카드 통화에 따라 금 보유량을 수시로 변화시키면서 달러를 금으로 교환해주어야 한다는 요구를 받고 있다. 그리고 이런 잘못된 생각은 직업적 경제학자들에게만 한정된 것이 아니다. 이 문제에 관심을 갖는 물리학자들에게 떠올랐던 첫 번째 생각은 금융에 '센티미터―그램―초'라는 단위 시스템을 적용하는 방안을 찾는 일과 비슷한 것이었다. 그러나 화폐 문제(그것이 확실히 유지하거나 결여하고 있는 유효성에 대한 생각이자, 내가 그 주제에 대해 말해야 하는 것)와 관련해서 현재 전달할 수 있는 가장 중요하고 근본적인 생각은 **그것이 가치 측정의 문제가 아니라는 사**

---

**17** 더글러스는 화폐를 가치의 척도라고 생각하는 것이 잘못된 방향 설정이라고 비판한다. 그리고 이는 '정의'나 '가치'라는 추상적 개념을 화폐에 적용하면서 유발된 오류라고 주장한다.

실이다. 화폐제도의 적절한 기능은 재화 및 용역의 생산과 분배를 지휘하는 데 필요한 정보를 제공하는 것이다. 그것은 '보상' 체계가 아니라 '명령' 체계이며, 또 반드시 그래야만 한다. 그것은 본질적으로 정책에 부속하는 행정 메커니즘이며, 세계의 화폐 관리가 그토록 엄청나게 중요한 것은 그것이 다른 어떤 행정 메커니즘보다 상위에 있기 때문이다.

기차표는 제한된 형태의 화폐이기 때문에 '제한된' 기차표의 비유는 모든 실용적 목적에 정확히 들어맞는다. 기차표가 화폐가치를 지닌다는 사실은 교통을 분배하는 그것의 주요 기능에 대해 부차적이고 동시에 부적절하다. 기차표에 대한 수요는 철도 경영진에게 요구되는 운송에 대한 완전한 지표(현재 재정적 한도에 따른)를 제공한다. 그것은 수송 프로그램을 기안할 수 있게 하고, 그 프로그램에 따라 티켓이 발매되면 철도 여행객들은 원하는 운송 수단이 마련될 것을 미리 알고서 계획을 세울 수 있게 된다. 현재 런던에서 에든버러행 티켓이 마침 100장밖에 없기 때문에 100명 이외에는 여행할 수 없다고 주장하는 것은, (그것이 '불변'이든 아니든 간에) 그 순간에 화폐단위가 때마침 불충분해서 그 일을 할 사람들과 재료가 있음에도 불구하고 일을 제대로 수행할 수 없다고 주장하는 것만큼이나 완벽하게 합당하다. 이 주장은 티켓의 부족이 운송 수단의 실제적인 부족을 반영하는 경우에는 타당할 것이고, **그 반대**

의 경우에는 타당하다고 볼 수 없다.[18]

생산능력의 측정은 매표소 또는 금융에서 그와 동등한 역할을 수행하는 은행이 점유한 지역에서 발생하고, 또 발생해야만 한다. 그리고 매표 부서와 은행의 소임은 대중의 요구에 따라서 생산의 배분을 촉진하고, 그 요구 사항을 산업 조직을 운영하는 사람들과 그 요구에 부응하는 업무를 담당한 사람들에게 전달하는 것이다. 그들은 여행자의 자격 요건이나 그들이 여행할 수 있는 조건 따위를 결정하는 데 어떤 목소리도 낼 권한을 갖지 않는다.

해답을 얻는 데 결정적이라고 여기서 제시된 관점과, 이 책의 첫 장에서 제시된 대비 즉 교육의 고전적 시스템과 근대적 시스템 간의 대비에 밀접한 연관이 있다는 것을 확실히 알 수 있다. 엄격한 추상화가 물리적 사실에 부합해야 한다는 시험을 거치는 한(가치를 측정하는 체하는 화폐에 관한 어떤 이론도 이런 설명 아래 들어온다), 이론과 사실 간에는 마찰과 마모가 있을 수밖에 없다.(사실은 이론보다 훨씬 견고하다.) 그 마찰의 결과로 세상에 대한 불만과 실망은 분명히

---

**18** 화폐가 가치의 척도거나 보상 체계가 아니라 생산과 배분을 명령하고 지휘하는 체계라고 한다면, 그 화폐는 현재 운송 수단의 과잉이나 부족을 반영해서 명령을 수행하게 된다. 따라서 화폐의 부족은 운송 수단의 부족을 반영하는 것일 뿐, 화폐가 부족하다고 해서 운송 수단에 여유가 있는데도 공급을 제한하는 것은 타당하지 않다는 의미다.

예견될 수 있다. 달리 말해서 유토피아는 유토피아일 뿐이다. 이는 이전에도 그렇게 전해졌고 앞으로도 되풀이될 것이다. 현재 사람들이 바라는 세상의 모습과 자세한 세부 내역은 천상의 왕국처럼 그들 각자의 내부에 있다. 그리고 그들의 바람은 일반적으로 러디어드 키플링(Rudyard Kipling)이 묘사한 '항공통제위원회'에 의해 지배되는 천년 제국[19]에서도 충족되지 않는 만큼 스탈린의 마음속에 있는 색인 카드로 분류된 천국에서도 충족될 것 같지 않다. 물질적 부가 그에 따르는 해방과 함께 행복까지 가져오지는 않을 거라는 사실은 꽤나 논쟁의 여지가 있다. 그러나 만일 그것이 진실이라면 대다수의 사람들이 그 진실을 들을 것이다. 그것은 굶주린 사람이 폭식에 관한 강의를 귀 기울여 듣는 것만큼이나 가능한 일이다.

---

**19** 키플링의 공상과학소설 『야간 우편과 함께』(1905), 『ABC처럼 쉬운』(1912)에 나오는 가상의 초국가적 기구로 세계 전체의 항공교통을 통제하기 위해 창설되었다. 이 조직은 각국 정부의 영향력에 제한을 가할 수 있으며 사실상의 세계정부를 만들 수 있다.

# 8장

## 권력의 도래

    이쯤이면 우리가 살고 있는 세상을 통제하는 정책에 관해 마음
속의 그림을 그리는 것이 가능할 것이다. 이런 식의 그림을 그려
본 뒤에는 그 정책과 좀 더 보편적인 묵인을 얻을 수 있는 정책을
비교하는 것이 훨씬 수월해질 것이다. 우리는 보이지 않는 정부
가 특정 결과를 얻기 위해 상벌을 가장해서 욕망과 공포 같은 원
초적인 인간 감정들을 매우 기술적으로 채용한다는 사실을 깨달
아야만 한다. 세계 주민의 대다수가 중요하지도 않은 많은 일들을
반드시 하게끔 회유 또는 강요되지 않았다면 이런 결말은 없었을
것이다. 이런 방식으로 실질자본의 거대한 축적이 이루어져 왔다.
그 자본은 공장, 빌딩, 도구, 그리고 더욱 중요하게는 지식과 조직
또 그것을 적용하는 데 필요한 공정 등을 의미한다. 그래서 오직
이런 자본의 축적에 의해서만 추가적인 발전이 가능한 것처럼 보
일 것이다. 이 시대의 초반 몇 세기에는 넓은 의미에서 전쟁마저
도 경쟁력 없는 것들을 제거하는 테스트로, 그리고 동시에 발명과

신규 사업을 위한 자극으로 정당화되었던 듯 보인다. 우리가 국가 또는 인종이라고 이름을 부여하는 거대한 집단 속에 일시적으로 들어가는 것만큼이나 개인의 편익이 그토록 신속하게 증진될 수 있는 어떤 다른 계획도 구상하기 어려울 것이다. 전후 상황에서는 진보에 장애물이 되었던 정치인이 자신의 재능에 부합하는 환경 아래서는 나라를 위해 정력적으로 일을 했다는 사실을 인정할 준비가 되어 있는 것처럼, 이 모든 것들은 비교적 최근, 예컨대 지난 세기의 중반경에야 적용 가능한 것으로 인정되었다.

그러나 어떤 사물이 한때 건전하고 바람직했다는 이유로, 그것이 반드시 영원히 이로울 것이라고 받아들여야 할 필요는 결코 없다. 주로 산업 기술의 발전으로 인해, 그리고 그에 못지않게 교육의 보편적인 확산의 결과로 인해, 일반 대중에 대한 기만과 실용적 필요성이나 편의주의에 기초하고 있는 세계 조직 시스템은, 과거에는 아마 용서될 수 있었을지 모르지만, 이제 바람직하지도 않을 뿐더러 실제로 사악한 것이 되었다.

근대 문명의 산물인 극도로 긴장된 인간에게 가해지는 위협의 반작용은 몇백 년 전과는 전혀 다르다. 전쟁은 명백히 역(逆)선택적이 되었다. 약골이나 저능아를 박멸하기보다는 이들을 게으름뱅이들과 함께 전장으로부터 먼 곳으로 보내려는 경향이 강하고, 대체로 더 건장하고 더 진취적인 여타 국민들에 비해 재정적으로 또

여타의 방식으로 유리한 자리에 그들을 위치시킨다. 당나귀를 앞으로 가게 하기 위해 코앞에 당근을 걸어놓는 방식으로 산업을 자극하는 것은 더 이상 효과적이지 않을 만큼, 인간의 지성은 발전했다. 이제는 당나귀의 배변에서도 거리와 먹이 사이의 비율에 대한 흔적을 알 수 있다. 인간성이 합리적으로 지향하는 주된 목적이 5백 년 전과 동일하다고 해도, 보편적 협동을 구하는 방법이 대대적이고 조속한 수정을 요구한다는 사실은 일반적인 불안정 상태 속에서도 뚜렷하게 드러난다. 게다가 이 목적도 더 이상 동일하지 않다.

한 인간의 삶을 유지한다는 것은 신진대사의 과정, 즉 에너지를 들여서 형태를 파괴하고 다시 세우는 과정을 포함한다. 인류가 육체노동에 의해 스스로를 유지할 때 이 과정은 거의 폐쇄된 사이클이었다. 즉 생명을 유지하기 위해 인류는 음식에서 획득한 에너지의 대부분을 소비했다. 불과 100년 전까지도 3~4천 년 전과 실질적으로 동일한 단계에 있었던 인도와 페르시아 같은 문명을 생각해보면, 이런 사고방식에 귀납적 지지를 얻을 수 있다. 심지어 오늘날까지 중동과 극동에는 사고의 관습과 생활 방식이 인류 최초의 문헌들에 기록된 바와 유사한 지역들이 수천 평방 마일에 걸쳐 여전히 존재한다. 그 사이클은 모든 가능성이 차단된 것은 아니었을 것이다. 그렇지 않았다면, 어떤 형식으로든 작용했을 것이라

가정되는 에너지 보존의 법칙 아래에서 아무런 진보도 가능하지 않았을 것이다. 그리고 상향의 나선형 진화를 가능하게 한 에너지의 아주 적은 증가분이 태양광 에너지의 직접적인 흡수에 의해 비롯되었음을 합리적으로 주장할 수 있을 것이다.

그러나 서구에서 르네상스의 현저한 특징이라고 말하는 삶의 문제들에 대한 귀납적이고 실험적인 공략 방법은 인간 존재에 대한 전제에 심각한 문제를 초래했다. 그보다 일찍은 아니라 하더라도, 최초의 조야한 증기기관이 처음 1갤런의 물을 끌어올렸을 때, 신진대사의 사이클은 필연적으로 훨씬 가파른 상승 나선을 낳는 태양에너지의 새로운 도입 방식이라는 요소를 포함했다. 그리고 오늘날 우리는 힘든 노동을 수반하는 생활의 허드렛일로부터 인간 에너지의 상당 부분을 해방시킬 수 있게 되었다.

그 결과는 명백하다. 생산요소들로부터 먹을 것과 입을 것과 쉴 곳을 만들어 단순히 생명을 유지하는 것이 인간 노력의 주요한 목표가 되기보다, 이제 그것이 꼭 자동적인 과정은 아님을 인정할 수 있어야 한다. 생물학자들은 최초에 알려진 생명체들이 실질적으로 오로지 숨쉬는 것에만 그들의 에너지를 모두 바쳤다고 우리에게 알려준다. 숨을 쉰다는 것이 과거보다 덜 필요하게 된 것은 아니지만, 오늘날엔 애도할 만한 질병으로 고통받는 사람들만이 그 과정에 큰 관심을 기울인다.

인간 에너지가 십중팔구 다시 지향하게 될 새로운 목표를 지적하는 게 이 책의 목적은 아니다. 단지 방향을 다시 설정할 가능성과 오늘날 장애가 되고 있는 방식들을 제시함으로써 그 장애물들을 제거하기를 바랄 뿐이다.

비록 공식화된 것은 아니지만, 선행하는 아이디어들의 진실을 알게 되면, 사회 내에서 좀 더 유리한 위치에 있는 개인들은 어떤 종류의 개혁에도 크게 반대한다는 것을 알 수 있다. 이 사람들은 자신들의 유리한 위치에서 자신들이 보유할 가치가 있는 무언가를 갖고 있다는 사실을 알고 있다. 그들이 가진 기회들을 만족스럽게 활용하고 있는지 여부는 지금 이 순간 논점 밖의 문제다. 최근까지 변화에 대한 모든 제안은 그들의 지위를 공격해왔다. 그들은 그런 공격에 대해 자신들도 똑같이 배려될 권리를 지니고 있다고 합리적으로 답변해왔고, 어떤 경우에도 자신들이 있는 자리에 그대로 머물고자 한다. 이것은 삶의 구체적인 현실들과 반대될 때 추상적인 정의가 지닌 무용함을 부수적으로 증명해준다.

근대 문명이 지닌 삶의 편의 수준을 전체적으로 낮추는 데 대해 반대하는 개인들은, 비록 그들이 채택한 전술들이 단지 의심스런 기지에 불과할 뿐이라도 매우 확고한 근거 위에 있다. 그러나 두려운 것은 대체로 나쁜 변화에 대한 이런 반대가 어떤 종류의 변화에 대해서도 반대하는 태도로 굳어지는 것이다. 따라서 오늘날 대안은 변화와 무변화 사이에 있는 것이 아니라 더 좋은 쪽으로의 변화와 더 나쁜 쪽으로의 변화 사이에 위치하고 있다는 사실을 강조하는 것이 실질적인 가치가 있다. 만일 상벌의 제재와 함께 현재 시스템이 만족스럽게 또는 견딜 만하게라도 작동하고 있다면, 비록 그 제안에 적용된 논리가 명백하게 이로움을 준다는 걸 증명한다 할지라도, 더 나은 대안에 대한 논의만큼 아카데믹한 논의는 없을 것이다. 그러나 실제는 전적으로 그 반대이다. 좋거나 나쁘거나 혹은 무차별적이거나, 사회주의거나, 공산주의거나, 아니면 제국주의거나 어떤 종류이건 간에, 오늘날 적용될 수 있는 모든 방법과 제재 수단을 가지고 어떤 종류의 제안이라도 촉구되지 않는다면, 현재의 사회 및 산업 시스템은 더 이상 작동하지 않을 것이 거의 확실하다. 이제 우리가 곧 보게 될 것처럼, 시스템에는 매우 결정적이고 기계적인 결함이 존재하며, 그 기계적인 결함은 어떤 심리적 반응을 유발한다. 그리고 그 반응은 궁극적으로 전반적인 혼돈 속에서 순간적으로 행복하다가 순간적으로 불행하기도 한 정서만 초래할 것이다.

적어도 40년 동안 태업의 원칙, 즉 생산의 의도적인 제한은 사회의 전 영역에 스며들었다. 그것은 논리적으로 그리고 제한된 관점에서, 오늘날 기업과 사회를 움직이는 법칙 아래 개인에게 최선의 결과를 가져다주는 완벽하게 적절한 수단이다. 이 사실을 인정하지 않으면 현실을 회피하는 것이다. 그리고 생산의(오늘날 경제학의 범위에서 크게 벗어나 있는 모든 불특정한 행동에 대한 설명을 포함해, 최대한 광범위한 의미로 이 어구를 사용할 경우의 '생산') 이런 제한은 사회적인 자살일 뿐임을 직시하지 않으면, 이 또한 현실을 회피하는 것이다. 자연법칙의 검증은 그것이 자동적이고 가차 없다는 점이고, 이 책에서 사회가 개인의 이익에 봉사하지 않는 순간 개인은 그 사회를 부숴버릴 것이라고 제시한 주장은 오늘날 일련의 사건들을 통해 입증되고 있다. 그리고 사회를 있는 그대로 보존하고자 희망하는 사람들이 그들의 우상을 인간의 영혼보다 더 높은 권리를 갖는 불변의 조직으로서 묘사하는 것은 그들의 동기에 최악의 기여를 할 뿐이다.

 메커니즘의 변화를 위한 무대는 만들어졌다. 규제에 근거한 사회의 자리에 도움과 협동의 개념에 근거한 사회가 이미 만들어졌어야 한다. 참을 수 있고 수용할 수 있는 유일한 도움이란 만약 우리가 원하지 않는다면 거부할 수 있는 것이어야 한다는 점을 명백히 하자.

2부

# 고전적 이상의
# 메커니즘

SOCIAL
CREDIT

# 1장
## 화폐 시스템의 작동

만약 지금까지 개진된 생각들이 유효하게 수용된다면, 하나의 결론이 불가피해 보인다. 기본 골격을 물질적인 상벌 이론에 의존하고 있는 사회체제는 근본적으로 결핍과 불만족이라는 보편적 조건을 안고 있다. 당신은 어떤 개인에게 그가 이미 필요와 욕구를 충족하고 있는 것을 가지고 포상할 수 없으며, 범죄를 저지를 아무런 동기도 없는 세상에서는 효과적인 처벌 방법을 쉽게 찾을 수도 없을 것이다. 그런 사회에서 우리는 정당하게 다음과 같은 것들을 기대할 수 있을 것이다. 물질적 재화 및 서비스의 수요와 공급 사이에 지속적이고 인위적으로 차이를 만드는 메커니즘과, 이런 차이를 유지시키는 규칙에 대한 어떤 위반도 사전에 예방할 수 있는 조직이 그런 것들이다.

우리는 오늘날 바로 그런 현상을 세상에서 발견한다. 금융 조직이 희소성이라는 환영을 만들어내는 그 수단은 단번에, 그리고 조심스럽게 우리의 관심을 촉구한다. 물론 이런 일들을 강요하는 조직은 우리에게 매우 친숙한 관습법의 형태를 갖추고 있다.

금융과 법률의 협력이 상당한 정도의 구체적 지적이나 논평을 유발하지 않고도 얼마나 광범위하게 이루어지는지 놀랄 만하다. 민법은 궁극적으로 화폐제도와 관련된 문제들에 거의 전적으로 관계한다. 그것은 명백하다. 소위 범죄 사건의 절대다수는 직간접적으로 금전적 동기에 기인한다. 심지어 대부분의 치정 범죄 사건도 경제적이거나 금전적인 원인으로 추적되는 생리적 또는 심리적 반응에 그 뿌리를 두고 있다. 세상에는 음주로 인한 사건이나 매춘 같은 사회적 범죄를 억제하기 위한 조직들로 넘쳐난다. 매춘의 금전적 동기는 굳이 강조할 필요도 없을 것이다. 그러나 상습적인 업무상 과로, 장시간 노동, 비위생적인 작업 환경, 알코올, 기타 인위적 자극의 과도한 남용이 거의 항상 동일한 지역의 인근에서 발견된다는 사실은 널리 인식되어 있지 않다. 그리고 거의 모든 경우에 원인의 제거보다는 증상의 억제에 주의를 기울인다. 따라서 한 가지 죄악을 부분적으로나마 억제하려면 훨씬 은밀하게 퍼지는 새로운 질병을 초래하는 대가를 치러야만 가능하다.

수요와 공급 간의 차이는 들어오는 주문에 대응하는 생산 및 산업 시스템의 능력과는 무관하며, 수요와 공급에 개입하는 조직, 즉 금융 또는 티켓 시스템과 관계가 있다는 것이 이미 명확하게 밝혀졌다. 달리 말해서 생산 및 산업 시스템이 공급하고자 하고 공급할 수 있는 재화를, 현 상황에서 그것을 원하고 그것 없이는 살 수 없는 사람들은 그것을 넘겨받기 위해 필수적으로 지녀야 할 티켓을 수중에 갖고 있지 않다.

오늘날 이런 상황이 아직 완전히 관심 밖에 놓인 것은 아니나, 대부분의 관심은 공격받고 있는 바로 그 제도가 세운 가정들을 진실하다고 받아들임으로써 무효화되고 있다. 원래 대부분의 정통 노동자─사회주의 정당[1]의 정치 선전이 기반하고 있는 아이디어가 있다. 우리가 방금 개괄했던 상황을 살펴보면, 주민의 일부가 너무 부자여서 대다수가 그렇게 가난하다는 단순한 제안이 도출된다. 이 단순한 설명이 지금은 비록 사문화되었지만, 그 과정은 매우 힘겨웠다. 그것은 우리가 충분히 열심히 일하지 않는다는 것을 보여주려는 의도로 행해진 수많은 통계적 연구에서 여전히 나타난다.

그런 연구들 중에서 가장 최근에 완결된 것이 런던정경대학교

---

1  이 책에서 노동자─사회주의자(Labour─Socialist)라고 언급된 것은 노동당 및 사회주의 정당들을 의미한다. 영국의 사회주의 운동은 시기별로 다양한 모습으로 진행되었고, 이 글이 쓰여진 제1차 세계대전 이후의 1920년대에는 그중 노동당의 활약이 특히 우세했다. 1926년에는 총파업이 일어났으며, 1923년과 1929년 두 차례에 걸쳐 노동당은 소수내각을 구성했다.

(London School of Economics)에서 나온 것들이다. 이 학교는 금융 정론의 원천이 되는 흥미로운 특성들을 조합하고 있는데, 주로 은행가들과 금융인들에 의해 선발되어 봉급을 받는, 가장 뛰어난 사회주의적 성향의 인사들로 구성되어 있다. 이 기관에 소속된 보울리(Arthur Lyon Bowley) 교수는 '국가소득분배'에 관한 논문에서 제1차 세계대전 직전의 시기를 언급하면서 연간 가구당 160파운드의 소득을 초과하는 영국의 전체 소득은 겨우 2억 5천만 파운드라고 추정했다.[2] 영국의 인구를 4,500만 명, 가구당 평균 구성원을 통상 가정하듯이 4.5명이라고 하면, 이 소득을 '균등하게' 배분해서 얻는 가구당 평균 소득 증가액은 연간 25파운드에 불과하다. 그리고 그 금액이 과세를 통한 전면적 개혁을 시행할 만한 유력한 근거로 보기는 힘들다. 게다가 현 상황에서 그런 분배는 자동차 같은 제품을 어떤 개인도 소유할 수 없게 만들고, 자동차의 생산과 그에 따라 배분될 노임과 봉급과 배당마저 완전히 중단시키므로, 이보다 훨씬 정교한 설명을 반드시 찾아내야만 한다. 여기

---

**2** 아서 L. 보울리(1869~1957)는 사회 연구에서 표본추출 방식을 처음으로 도입했던 경제통계학자다. 그는 캠브리지 대학에서 수학을 전공하면서 당시 알프레드 마샬과의 단기 수업에서 그의 영향을 받아 경제통계학자가 되었다. 그는 1895년에 런던정경대학을 설립할 당시 이 학교의 강사였으며, 1919년에 영국 최초의 통계학과가 생길 때 학과장이 되어 1936년에 퇴임할 때까지 재직했다. 그는 1890년대부터 영국의 다양한 경제 통계 수치를 조사하고 분석한 것으로 유명하다.

서 우리의 요점은 단순히 금전적인 구매력의 배분이 불만족스럽다는 것이 아니다. **가시적인 형태로** 구매력을 전부 합해도 불충분하다는 것이 요점이다.

이 논지에 대해 한 단계 앞선 것으로 홉슨(John A. Hobson)[3]이란 이름과 관련된 이론이 있다. 그는 구매력이 부족한 현실을 매우 적절하게 강조했으며, 그런 현상은 부유한 사회 구성원들이 자본 인수에 과도하게 투자한 결과로 필요 이상의 자본재를 생산한 탓이라고 보았다. 그런 불균형한 생산이 발생하는 것은 틀림없다. 그러나 나는 홉슨의 설명이 이 불균형을 초래하고 복잡하게 만드는 과정을 설명하는 데는 부적합하다고 생각한다. 게다가 이 이론은 전체적인 은행예금의 증가도 설명하지 못한다.

이런 두 가지 설명 모두 산업체 조직의 재무 부서와 원가 부서에서 실제로 발생하는 일을 잘못 파악한 탓이며, 더 나아가 화폐의 추상성과 그것이 관계하는 구체적이고 물리적인 현실과의 상호관계를 파악하지 못하는 데서 비롯한다. 이런 오해에는 저마다의

---

**3** 존 홉슨(1858~1940)은 과소소비론으로 유명한 영국의 경제학자다. 『산업의 생리학』(*Physiology of Industry*, 1889)에서 그는 과소소비론을 통해 세이의 법칙과 고전경제학의 검약 강조에 대해 혹독하게 비판했다. 『산업시스템』(*The Industrial System*, 1909)에서 그는 과도한 저축과 과소비를 통한 소득의 잘못된 분배가 실업을 초래한다며, 이에 대한 처방은 과세와 독점기업의 국유화를 통한 소득의 재분배를 통해 잉여를 근절하는 것이라고 주장했다.

합리화가 따른다. 전문가임을 자처하는 사람들이 보편적으로 가르치는 내용이라는 점에서 그 오해들은 정설이다. 따라서 그것의 무효성이 드러나도록 밝혀야만 한다.

그리고 이 정통 이론은 생산되는 모든 물건의 가격과 등가인 화폐가 이 세상 누군가의 지갑이나 은행 금고 안에 있다고 가정한다. 달리 말하면, 어떤 주어진 시점에 모든 판매용 물건들에서 배분될 임금, 봉급, 배당금의 총합계액은 총체적인 가격에 해당하며, 동일 시점에 구매력으로서 활용 가능하다고 가정한다.[4] 어떤 사람들은 소비재 제품에 지출하려는 것보다 그들의 지갑이나 은행 금고에 더 많은 화폐를 갖고 있다. 그들은 그것을 지출하지 않고 저축한다. 지출을 자제함으로써 그들은 도구, 설비, 공장 등의 자본재를 생산하는 데 드는 비용을 충당할 자금을 조성한다. 그리고 그 구입 대금을 지불하는 과정을 통해 생산된 자본재는 저축한 사람들의 소유가 된다.

여기서 알 수 있는 첫 번째 요점은 어느 한 시점의 진실이 일주

---

4 이 이론은 프랑스의 고전파 경제학자인 장 밥티스트 세이(Jean-Baptiste Say)가 주장한 "공급이 수요를 창출한다"는 '세이의 법칙'에서 비롯되었다. 경제 전체적으로는 총공급의 크기가 총수요의 크기를 결정하기 때문에 총공급과 총수요는 언제나 일치하고 따라서 항상 완전고용이 달성된다는 것이다. 하지만 1930년대의 대공황처럼 과잉생산과 대규모 실업, 대량의 유휴설비가 발생하는 것을 고전파 이론은 설명할 수 없었다. 이에 케인스는 세이의 법칙을 비판하고 이 법칙과는 정반대로 총수요의 크기가 총공급을 결정한다는 '유효수요의 원리'를 주장했다.

일 후에는 진실이 아닐 수 있다는 점이다. 만약 어느 날 세상에 그 재화를 생산하는 데 소요된 가격으로 모든 재화를 구입할 충분한 화폐가 존재하고, 그 화폐 중 일부가 새로운 재화를 만들기 위한 비용을 지불하는 데 할당된다면, 그렇게 할당된 화폐는 새로운 재화의 원가를 형성하게 된다. 그리고 그 즉시 재화의 최소한의 총 **가격**인 총원가와, **가정**에 의해 이전과 정확히 동일한 금액으로 세상에 존재하는 화폐 금액 사이에 차이가 발생한다. 이는 아무도 **추가적인** 액수의 화폐를 '저축'하지 않더라도 진실이다. 화폐를 저축했던 사람들은 원래의 화폐로 표현되는 재화를 저축하는 대신, 그들의 청구권을 현재 존재하는 원래의 재화에서 새로운 재화로 단지 옮겼을 뿐이며, 그 물건들의 판매를 통해 그들의 '화폐를 상환받을' 수 있다. 옛 물건을 구입할 수 있는 메커니즘은 존재하지 않는다. 그것은 확실히 자명하다.

그 과정은 거기서 멈추지 않는다. 투자자 또는 '예금자'의 입장에서 보면, 그의 화폐를 자본재에 넣은 유일한 목적은 불어난 금액으로 돌려받기 위한 것이다. 홉슨은 이 돈을 대중들로부터 물건 가격의 형태로 돌려받을 수 있다고 가정한다. 이 상황이란 금융 저축과 그 저축을 새로운 생산에 투입함으로써 각각의 연이은 시간마다 세상에는 더 많은 재화가 생산되는 반면, 이 금융 저축에 대한 이자와 그로 인한 현재 가치의 할인 및 노후화는 다음 기간 동안에 생산되는 재화의 가격에 전가되어야 한다. 저축된 매 파운드는 소비에 투입되어야 할 금액에서 꺼내 생산에 투입된 것이다. 원가는 가격보다는 낮아야 하므로 결국 모두가 아무것도 살 수 없게 되므로, 아주 단순한 검토만으로도 단기간에 그런 사이클은 작동하지 않을 것을 알 수 있다. 할인된 현재 가치 금액만으로도 세상의 구매력을 잠식해버려서, 설령 세상의 실질적인 부를 심각하게 감소시키지 않고 다른 어떤 요인의 개입도 없었다고 해도, 우리는 이미 오래 전의 어느 시점부터 굶주렸을 것이다.

1918년 이전에 부의 사회적 분배에 관해 발표된 모든 비판에는 화폐 또는 구매력을 법정통화로 제한하고, 수표를 발행할 수 있는 은행예금이란 법정통화만의 예금과 인출임이 전제되어 있다. 이는 은행이나 금융기관들이 이전에 그들이 빌렸거나 예치된 화폐만을 다시 대여할 수 있다는 것과 같다. 예컨대, 1톤의 감자를 경작하는 사람은 사실상 감자 1톤을 살 구매력을 경작하고 있다는 생각은 다소 어색하다. 수많은 감자 경작자들이 틀림없이 증명하듯이, 사실은 그와 전혀 다르다. 법정화폐의 양이 주어지고, 법정화폐가 유일한 구매력이라고 가정할 때, 아무리 생산량이 늘어도 구매력을 증가시킬 수 없다. 세상에서 즉시 가용한 구매력의 최소한 10분의 9는 은행 대출이나 할인된 어음의 등가물로부터 나온다. 이런 대출과 그것이 창출하는 구매력은 생산이나 소비와는 아무런 자동적인 관계가 없다. 이 의문은 많은 논쟁을 유발했으며 앞에서 자세하게 다루어졌다. 그러나 그 문제를 해결하는 데 도움이 될 만한 간략하고 결정적인 수학적 증명이 가능하다.

예금(Deposits) = D

대출(Loan) 등 = L

수중의 현금(Cash) = C

자본(Capital) = K 라고 하면,

자산(Assets) = L + C

부채(Liabilities) = D + K

따라서 L + C = D + K 가 된다

시간에 대해서 이 식을 미분하면 $\dfrac{dL}{dt} + \dfrac{dC}{dt} = \dfrac{dD}{dt}$ 이고

K를 상수라고 하면 $\dfrac{dK}{dt} = 0$ 이므로

수중에 있는 현금이 일정하게 유지된다면 $\dfrac{dC}{dt} = 0$ 이므로

따라서 $\dfrac{dL}{dt} = \dfrac{dD}{dt}$

이는 대출의 증가율이나 감소율이 예금의 증가율이나 감소율과

동일하다는 것을 의미한다.

은행대출이 은행예금을 창출한다는 이 공리와 거기서 도출되는 은행대출의 상환이 은행예금을 줄인다는 사실은 우리가 논의해 왔던 과정을 이해하는 데 매우 중요하다. 구매력과 화폐로 표시된 재화의 가격 사이에 발생하는 부족분은 (어쨌거나 상당 부분) 이런 은행화폐의 창출을 통해서 충당된다. 이를 통해서 사업의 한 사이클이 완전히 수행될 수 있다. 거꾸로 원인이 무엇이든 간에 은행 제도나 다른 어떤 수단으로 새로운 화폐를 창출하는 것을 거부하는 것만으로 생산과 소비를 모두 마비시킨다. 그 사실들에 관해서는 그 무엇도 의심의 여지가 없어서, 과거 3년간 우리는 두 가지 사례를 나란히 경험했다. 영국에서는 신용 규제와 그에 따른 산업의 정체를, 그리고 유럽 대륙에서는 신용 창출의 증가와 함께 왕성한 산업 활동을 경험했다.

은행대출을 그 대출의 결과로 생산된 제품들을 파괴하지 않은 채로 상환하면, 상환액과 같은 가치를 갖는 가격만큼의 물건을 유통시키지 못하게 된다. 그로 인해 판매용 재화와 그것을 구입할 화폐 간의 괴리를 더 심화시키지 않고서는 그 가격에 해당하는 물건을 팔 수도 없고, 기계류 등의 경우에는 그런 기계를 사용해서 만들어지는 소비재에 대해 대금을 청구할 수도 없게 된다.

이는 매우 명백하다. 그런데 은행대출의 상환은 그 재화의 최종 생산자가 바로 선행하는 제조 단계에서 발생한 이익과 비용을 상환하는 것으로 시작하는 '연쇄' 과정이라는 사실을 명심해야 한다. 만약 이 작동이 명확하게 시각화된다면, 재화의 첫 단계 제조가 은행신용에 의해서 조달되었을 경우 한 회사에서 다른 회사로 재판매를 위해 공급된 제품의 원가에 대한 모든 지불은 은행신용의 상환이라고 할 수 있다. 여기서 더 나아가 앞에서의 논의를 살펴보면, 저축은 신용의 창출에 그 근원을 두고 있기 때문에 은행신용에 의한 조달과 소위 자본이나 저축에 의한 조달 간의 차이는 단지 정도의 차이일 뿐 같은 종류라고 할 수 있다.

이제 우리는 홉슨의 이론 등, 앞에서 한 분석의 의미를 평가할 수 있다. 우리는 홉슨이 제기한 고찰을 심각하게 변경하는 요인이 있음을 보았다. 그것은 원가 시스템이 요구하는 가격으로 대중이 제품을 구입하기 위해 쓸 화폐가 부족하면, 금화나 법정화폐처럼 효과적으로 기능하는 구매력의 양식들을 창출하고 순환시키는 은행과 금융기관 들의 능력과 정상적인 활동이 그 부족분을 보완한다는 것이다.

이런 순환은 대개 자본 생산과 수출을 목적으로 하는 재화와 관련해 지불되는 임금과 봉급을 통해서 작동한다. 그러나 금화나 법정화폐와 달리, 은행이 창출한 구매력의 양식들은 거의 항상 정해진 기간 안에 상환해야만 한다. 그것이야말로 은행이 가장 중시하는 특징이며, 또한 다음 장에서 자세하게 고찰하고자 하는 이유다.

금융 시스템의 작동에 대해 완벽하거나 정확하지 않은 설명 때문에 그 제도의 지지자들의 손에 직접적으로 놓아나는 놀라운 결과가 초래된다. 부자와 가난한 자의 대조를 강조하는 노동자─사회주의 진영의 단순한 비판은, 1년에 200파운드만 버는 사람에게는 600파운드를 버는 사람도 부자이기 때문에 기아선상을 넘어서는 공동체 내의 누구에게나 세금을 부과하는 것을 도덕적으로 승인한다.[5] 따라서 단순히 구매력이 잘못 배분되었다는 이론에 의해 홉슨이 과세 문제에 지대한 관심을 쏟았던 것은 논리적이다.

화폐를 상품으로 거래하는 사업은 이미 지적한 대로 화폐의 희소성을 강화해서 이득을 얻는다. 따라서 기업 시스템에 대해 어떤 형식으로 공격하더라도 그 효과가 증세를 지지하는 것이라면, 금융의 중추 세력으로부터 지지를 받을 수 있으며, 실제로 받고 있다. 세상에 존재하는 실질적인 구매력의 상당 부분은 아무 데서나 아무 인물이나 만들 수 있는 것이 아니라, 필요할 때 또 필요하기 때문에 과정의 비밀을 쥐고 있는 자들에 의해 구현될 수 있

---

[5] 빈곤의 기준을 1년에 200파운드라는 최저생계 유지 수준으로 극단적으로 낮추어 잡을 때, 실질적으로 국민 대다수가 부자로 분류될 수 있다. 이런 논리에 따라 전 국민에 대한 일반 과세를 정당화하게 된다는 것을 비판적으로 기술한 것이다.

는 잠재적인 형태로 존재한다. 따라서 **가시적인** 구매력에 대한 과세는 상벌을 부과하는 권력, 즉 화폐 '제조자'의 힘과 우위를 유지하는 데 가장 가치 있는 것이다. 어디서든 어떤 종류의 '하향 평준화' 운동이든 간에 아마 롬바르드가와 월가와 프랑크푸르트로부터 지지를 받을 것이다.

# 2장

## 가격의 본질

앞 장에서 우리는 일반화된 방식으로 두 가지 중요한 명제를 확립하고자 했다.

(1) 한 지역사회에서 특정 순간에 팔기 위한 제품 가격의 총계는, 이익을 추구하는 통상적인 방식으로 제작되는 과정에서 노임, 봉급, 배당의 경로를 통해 획득하는 화폐 총액을 초과한다. 그것들은 구매력을 대가로 수출되거나 혹은 파괴되거나, 아니면 이와는 **별도의 생산 사이클을 통해** 배분된 구매력으로 구입될 수 있다. 이런 상황은 저축에 의해 악화되지만 현 시점의 저축과는 무관하다.

최근까지도 사실이 아니라고 부인되었던 이런 점을 설명하기 위해 유럽과 미국 양쪽에서 수많은 이론들이 제기되었다. 미국에서 출간된 헤이스팅스(Hudson Bridge Hastings)의 책 서문에는 다음과 같이 말이 나온다.

회계적인 분석 방법에 따르면, 현재의 소매가격 수준에서 생산된 재화들의 가치는 영구적 원천에서 나오는 구매력의 흐름을 훨씬 초과한다는 결론에 도달한다. 달리 말하면, 경기 침체기가 반복되는 것은 현행 금융 및 기업 정책의 결과로 비춰진다.

근대의 경제문제 중 가장 중요한 문제에 접근하는 이 새로운 방식의 중요성은 자명하다.[6]

(2) 구매력의 원천 또는 새로운 화폐는 생산의 대가로 지급되는 노임, 봉급, 배당에서 나오는 것이 아니다. 그리고 만일 금융 기법이 은행대출과 신용 수단이라는 형식으로 이를 제공하지 않는다면, 이 상황은 즉각적으로 기업 시스템의 작동에 파괴적이다. 그러나 이런 기법의 실행을 통해 산업이 은행 시스템에 저당 잡히는 것이다.

어떤 경우에도 세상에 있는 구매력의 대부분을 창출하고 파괴할 수 있는 막대한 권력이 개인적이고 무책임한 사람의 수중에 주어져서는 안 되는 매우 명백한 이유들이 있는 반면, 그런 사람들에게 권력이 주어졌다는 이유만으로 비판을 하는 것은 시스템 내

---

**6** Hudson B. Hastings, 『원가와 이윤』(*Costs and profits: their relation to business cycles*), London, Sir Isaac Pitman and Sons, 1924. (원저자의 주석)

에 어떤 급진적인 변화도 가져오지 못할 것이다. 모든 노예가 살기 편했다면 제도로서의 노예소유제는 아마도 영원했을 것이다. 즉, 어떤 상황에 반대하는 것은 그것이 비도덕적이라기보다는 작동하지 않기 때문이어야 한다. 유효한 화폐를 창출하는 힘이 은행들로 하여금 오늘날까지 금융 제도의 많은 결점들을 가려주었지만, 지난 몇 년간 그보다 훨씬 결정적인 결점 몇 가지를 해결하지 못했다. 금융 메커니즘은 구매력과 화폐의 발행 비율과 방식에 대해 커다란 통제권을 획득했으며, 상당한 정도로 이 힘은 단일화되고 중앙으로 집중되어서 막대한 권력을 지닌 국제조직이 되었다. 그러나 금융의 또 다른 측면인 가격에 대해서는 그보다 훨씬 적은 통제권만 획득했다. 대중의 지갑 속에 쓸 수 있는 화폐의 양을 늘리거나 줄임으로써 일반 물가를 관리하려는 광범위한 노력이 국제은행에 의해 시도되었다. 그러나 이 노력들은 단적으로 실패했거나, 그 일을 시도했던 사람들의 기대에 한참 미치지 못했다고 할 수 있다.

이 실패의 원인은 그리 멀리서 찾지 않아도 된다. 금융 메커니즘은 긍정적인 면과 부정적인 면을 지니고 있다. 긍정적인 면은 화폐의 발행으로 나타나며, 부정적인 면은 가격의 중재를 통해 발행된 화폐를 재화 및 용역과 교환하면서 나타난다. 만약 화폐가 재화 및 용역에 대한 유일한 청구권이라면, **언제든지 판매자가 있다는**

**전제하에** 가용 화폐가 적을수록 한 단위 화폐로 구매할 수 있는 재화 및 용역이 많아질 것은 명백하다. 이것은 단지 화폐에 대해 잘 알려진 계량적 이론을 설명하는 한 가지 방식일 뿐이다. 만약 다른 모든 요소를 배제할 경우, 사용 가능한 화폐량을 축소시키면 단위 화폐로 구입할 수 있는 재화 및 서비스가 많아지기 때문에 가격의 하락을 초래한다는 것이 여기로부터 도출된다. 1920년 이래로 특히 영국에서 바로 이 간단한 원칙에 근거해 은행들이 일반 물가 수준을 통제하고자 애써왔다. 상반되는 정책으로 가격이 오른 정도만큼 이런 이유로 인해서 가격이 떨어지지는 않았지만, 1920년 이래로 실시되어온 신용 규제는 이제 막 시작하려던 엄청난 가격 상승을 저지하는 경향이 분명히 있었다. '경기 침체'에 따른 일반 물가 수준의 하락을 제한하려는 이유는 간단하다. 가격이 대략 원가와 동일한 수준까지 하락하면 물건을 팔려는 사람이 사라져버리기 때문이다.

이렇게 조정된 성공마저도 그 정책에 불가피하게 수반되는 실업과 파산 같은 광범위한 고통을 대가로 얻어진 것이다. 제품의 생산 과정에서 배분되는 모든 원가 또는 구매력의 창출이 결과적으로 판매 가격으로 충당되도록 하는 금융 및 원가 시스템의 작동에 따라 얻어진 자연스럽고 수학적인 결과는, 주어진 프로세스에 의해 생산되는 제품 생산**원가**의 지속적인 상승이다. 이런 상승은 프로세스의 개선을 통해 **일시적으로** 상쇄할 수 있지만, 단지 단기적으로만 가능할 뿐이다.

현행 금융 수단으로 물가를 내리려는 (심지어 안정시키고자 하는) 어떤 시도도 물가의 안정이나 인하의 비용이 외부 원천에서 조달되지 않는다면 수학적으로 불가능하다. 달리 표현해서, 금융 비용과 그에 따른 생산물의 가격이 직접 노동 비용에 대해 상대적으로 꾸준히 상승하도록 허용되지 않는다면, 제조업자가 제품을 계속 생산할 수 있게 하는 이윤의 폭은 사라질 것이다. 이 결과로 만약 가격이 억지로 인하되면, 생산은 멈추고, 재고는 제조업자와 유통업자에게 손실을 주다가 궁극적으로는 파산을 초래하는 가격에서만 팔리게 된다. 이것이 1928년에 다시 시작된 가격 하락에 의해 조성된 상황이다.

이 주제에 대한 다음의 논의를 위해 정리해서 말하자면, **소비자는 프로세스의 개선에 따른 혜택을 가격 인하라는 형태로 누릴 수 없을 뿐 아니라, 고정된 생산 프로세스 아래에서 안정된 가격을 기대할 수도 없고, 생산된 재화의 가격에 포함되지 않은 구매력의 공급이 없이는 생산 프로그램에 대한 어떠한 통제권도 가질 수 없다. 만약 생산자나 유통업자가 손실을 보고 판매한다면, 이 손실은 소비자에게 그만한 구매력을 공급해줄 것이다. 그러나 만약 생산자나 유통업자가 손실이 나는 가격에 팔지 않겠다고 한다면, 이런 구매력의 공급은 다른 원천에서 구해야**

만 한다. 구매력을 도출할 수 있는 유일한 원천이 있는데, 그것은 은행이 원래 받았던 화폐보다 더 많은 금액을 빌려줄 수 있도록 해주는 바로 그 원천과 동일하다. 그것이 일반 신용이다. 1914년 이래 엄청난 생산공정의 개선에도 불구하고, 당시에 비해 산업계의 이익은 훨씬 적은데 가격은 오히려 거의 두 배가 올랐다.

오늘날 일반 신용을 통제하는 기관과 조직들이 직면한 어려움을 이제 어느 정도 명확하게 알 수 있다. 그들이 거의 무한대로 '화폐'를 제조할 수 있다는 것은 사실이며, **이 힘은 화폐로 기능하는 그 어떤 것도 수용하려는 대중들의 일반적 용의(willingness)에 의존한다.** 그러나 상벌 이론을 바탕으로 성장해온 심리는, 서비스 제공에 대한 대가가 아니면 이런 권력의 행사를 금지한다. 제품 생산에 제공된 모든 용역의 금융적 등가물은 그 제품의 원가를 구성하며, 거꾸로 원가에는 반영되지만 다시 가격으로 표시되지 못하는 제품에 대해서는 아무도 용역을 제공하지 않을 것이다. 수중에 들어오면 사라져버리는 '요정의 금'이라는 오래된 동화 속 이야기는 일상생활 속에서도 구현되고 있다. 소비자가 아닌 생산자에게만 주어진 이런 신용 창출의 결과는 가격의 상승을 유발하고, 그로 인해서 발생한 추가적인 구매력을 무효화시킨다.

영국에서는 신용 규제로 생긴 문제들의 결과로, 꽤 상당한 무리의 사람들이 제조업자에게 제공되는 신용의 양을 큰 폭으로 증가시킬 것을 공개적으로 요구하고 있는데, 특히 제조업자들 중에 그런 사람들이 많다. 그 과정이 가격 인상을 야기할 것이라는 점을 부인하기는 어렵다. 그리고 국가 부채만큼의 화폐 금액이 재화 및 용역에 대한 구매력을 감소시켜서 국가의 채무 부담을 경감시키므로 가격 인상이 유리하다는 주장이 알 만한 사람들 진영에서 빈번하게 제기되고 있다. 아마도 고전적 또는 정태적 사상과 주장으로서 이보다 더 나쁜 사례는 없을 것이다.

계속해서 설명하겠지만, 국가 부채는 거의 어떤 관점에서도 옹호할 수 없는 방법으로 생성되고 할당되었다. 특히 그 부채의 대부분이 금융업자나 금융기관에 의해 소유되고 있기 때문에 더욱 그렇다. 미미하지만 국가 부채의 일정 비율이 대중에게 그들이 정당한 방법으로 획득한 화폐를 받고 팔린 바 있다. 게다가 다른 종류의 구매력을, 즉 아무리 적은 금액이라고 해도 일반 대중이 소유한 신용 수단의 구매력을 **동일한 비율로** 감소시키지 않고서 국가 부채의 구매력만 감소시키는 것은 불가능하다. 지금 100만 파운드를 가진 사람에게 그의 100만 파운드를 50만 파운드로 구매력을 감소시키는 것은, 이론적으로 고통이거나 '처벌'이다. 그러나 그것이 그의 생활 규모에 대해, 또 그의 활동과 계획의 개인적인 자유에 대해 미치는 실질적인 영향은 **전무하다.** 그러나 1년에 200파운드를 버는 사람의 소득을 100파운드로 감소시키는 것은 소박한 안락함과 실질적인 굶주림 사이만큼 큰 차이가 있다. 단순히 숫자상으로만 보자면, 가격 인상에 의해 부정적인 영향을 받는 사람들의 숫자는 가격 하락에 의해 타격을 받는 사람에 비해 비교가 안 될 정도로 많다. 따라서 공공 신용의 대량 방출을 승인하는 것은 대단히 위험을 무릅쓰는 모험이다. 그러나 가격을 '점진적'으로 인상함으로써 가난한 사람의 작지만 소중한 돈을 좀도둑질하는 것은 가장 비열한 형태의 소매치기다. 인플레이션이 악의 핵심이라는 데 동의한다고 해서, 공공 신용의 독점을 용납하거나 묵인할 필요는 없다. 대개의 은행가들이 정의하듯이, 디플레이션 정책은 무엇을 할지 생각할 겨를을 마련해줄 뿐이다. 이에 반대하는 진정한 논지는 그것이 가격을 내린다는 데 있는 것이 아니라 생산자를 희생시키면서 그렇게 한다는 데 있다. 그러나 인플레이션은 원가의 중개를 통해서만, 따라서 반드시 가격에 반영이 되어야만 일반 대중에게 효과가 미치는 방식으로 화폐나 신용의 발행을 증가시키는 정책이다. 그것은 어떤 금융과 경제 시스템도 파멸시킬 것이 절대적이고 수학적으로 확실하다. 인플레이션은 금융 조작으로 부를 획득한 사람들을 위해 노동의 대가로 구매력을 얻은 사람들에게 세금을 걷는 것이기 때문에, 사실상 가장 비열하고 가장 일방적인 유형의 자본과세다.

유통되는 화폐량을 제한하는 정책이 주어진 생산 기간 동안 총

원가와 총가격 모두의 감소를 수반한다는 사실을 기억한다면, 그에 의해 야기되는 상태는 어렵지 않게 파악할 수 있다. 생산업자에게 손실을 끼치지 않고 감소될 수 있는 총원가 가운데 유일한 부분이 노임과 봉급 부분이다. 나머지는 이미 부과된 자본 원가에 기초한 고정비용이기 때문이다. 원가 가운데 노임과 봉급은 구매력이며, 그 합계는 가격의 합계액보다 훨씬 적다. 총임금과 총가격이 동일한 금액인 X씩 감소한다고 해보자. 이는 다음과 같이 표현될 것이다.

원가 = 구매력

원가 < 가격

그러므로 $\dfrac{원가}{가격} < 1$

따라서 $\dfrac{원가 - x}{가격 - x} < \dfrac{원가}{가격}$

가격의 상승에 따라 임금이 상승한 것처럼, 분수의 분모와 분자 양쪽을 동일하게 더해주면 물론 정반대의 결과가 초래된다. 이것은 구매력 대 가격의 비율을 결코 1까지는 아니지만 거의 1에 가깝게 만든다. 그 결과로 인플레 기간 동안 독일에서 볼 수 있었던 것처럼, 배려되어야 할 전문직 종사자 계급과 임대 소득 생활자 계급 모두에게 엄청난 고난을 주었고, 장인들을 영락없이 노예화 시킨 '경제력의 집중'이라는 가장 바람직하지 않은 결과를 수반하면서 비록 불안정하지만 왕성한 경제활동을 초래했다.[7]

따라서 비록 실증이 없다고 하더라도, 분석적 수단을 사용해 디플레이션이나 인플레이션의 효과를 알아보는 것은 매우 쉽다. 그러나 지금은 그 어떤 것도 필요치 않다.

『**신용 권력과 민주주의**』(*Credit Power and Democracy*)의 13장을 저술한 이후 양자에 대한 전면적인 실제 사례가 발생했다.[8] 독일에서의 사건들은 부주의한 신용 인플레이션 정책 아래 가격 인플레이션이 재현되었고, 그 책에서 설명된 경제적이고 심리적인 순차적 과정을 정확하게 따라갔다. 이것은 같은 시기 영국에서 진행된 신용 규제와 함께 고찰되고 비교될 수 있을 것이다. 1923년의 몇 달 동안 산업 정체가 증가되는 대신, 비록 높지만 꽤 지속적인 가격 조건이 유지되었다. 정통적인 방법에 따라 '실업' 문제의 해결책을 찾고자 하는 온갖 노력으로 인해 가격 상승의 시대로 변화가

---

**7** 인플레이션은 가격과 임금을 모두 올려서 총가격 대비 구매력의 부족분을 감소시키므로, 생산된 물건을 대부분 소비시킨다. 따라서 경제활동은 왕성하게 이루어지지지만, 앞에서 살펴본 것처럼 가격의 인상은 구매력의 실질적인 감소를 수반하므로 노임과 봉급 생활자들의 삶은 그만큼 악화된다.

**8** 『신용 권력과 민주주의』는 더글러스의 또 다른 저서다.

가속화되었다는 사실은, 현존하는 금융 시스템이 '안정화' 정책을 수행할 능력이 없다는 결정적인 증거다.

정통 이론에 따라 신용을 조작해서 가격을 통제하려는 노력은, 1928년에 시작된 손쓸 수조차 없는 가격 하락에서 절정에 달했다. 그 하락이 비록 직접적인 원인은 아니었지만, 그로 인해 세계가 현재(1933년)까지 겪고 있는 1929년의 금융 위기를 더욱 해결하기 어렵게 만들었다.[9]

---

**9** 1929년의 세계대공황을 의미한다.

# 3장

## 실업과 여가

1부 4장에서 고용이라고 부르는 것에는 서로 구분되는 두 개의 특징적인 유인책이 있음을 지적했다. 그 유인책 중 첫째는 잠자리와 음식, 의복 그리고 개성적인 에너지를 자유롭게 펼치는 데 필요한 소위 사치품을 마련하기 위한 노동과 관련이 있다. 그것은 인간 존재의 자연스러운 조건에 의한 기초적인 요구며, 그것이 충족되지 않는 한 다른 문제에 자유롭게 신경을 쓸 수 없다는 점에서 기본적인 요구다. 이 기본적인 요구를 다루는 가장 효과적인 방법이 과거 100년 정도 산업계에 도입되었던 것 같은 협동적인 방법으로부터 발달했다는 점에는 이론의 여지가 없다.

그러나 **기본적인 요구가 충족된 이후에** 사람들이 일을 하는 두 번째 필요는, 마음속에 그려진 이상을 물질적 형태로 구현하는 것이라고 정의할 수 있는 넓은 의미에서의 예술적 충동의 충족이다.

산업 및 사회적 문제들에 대해 다양한 권위자들로부터 나온 주장들은 결과적으로 고전적 이상을 지지하는 것으로 보인다. 그런

데 이 주장들 속에 인간의 두 가지 요구가 혼동되고 있다는 사실
은, 우리가 보이지 않는 정부라고 부르는 것이 인간 본성에 대한
지식과 기술을 보유하고 있다는 수많은 증거들 중 하나다. 최근까
지도 수많은 사람들이 **고용되지 못해서** 기아선상에서 살고 있으며,
근대 세계의 과제는 **실업**을 없애는 것이라는 얘기가 보편적인 동
의를 얻었다. 이제 그 사안에 대한 사람들의 의견은 더 이상 만장
일치가 아니며, 결과적으로 자명한 이치처럼 얘기되는 위치에서
증명이 필요한 가설의 위치로 밀려났다. 그리고 이 목적을 위해
우리가 방금 언급했던 혼동이 다소간 성공적으로 환기되었다. "우
리 제품을 위한 시장을 찾아야 한다"는 주장을 지지하기 위해서,
언론과 보통 사업가들에 의해 중과세, 파산, 그리고 보편적인 산
업 부진 등이 줄지어서 언급된다. 토마스(James Henry Thomas)[10] 같
은 노동계 지도자들은 다소 입에 발린 강직함으로 그들의 유권자
들은 실업수당이 아니라 일자리를 원한다고 쉬지 않고 설명해왔
다. 이 주장의 이면을 살펴보는 것이 중요하다. 이를 위해, 그리고
대중은 노동계 지도자들이 대변하는 사람들이 실업으로 고통받
는 사람들이라고 보기 때문에, 흔히 '실업수당(Dole)'[11]이라고 불리

---

**10** 제임스 헨리 토마스(1874~1949)는 영국의 노동조합주의를 주장하는 정치인이다.

**11** Dole은 실업수당을 의미하는 속어로서, 공공 부조를 통해 공짜로 얻는 돈이라는
뉘앙스가 있다.

는 구매력의 분배 형태를 살펴보면서 시작하겠다.

'실업수당'이라는 용어에는 스스로를 도울 수 없는 사람들에게 자선으로 베풀어진 아량이라는 불명예가 수반된다. 그 말은 자존 감을 지닌 독립적인 개인을 암시하지 않는다. 실업 보조금에 부여된 이 명칭의 기원은 모호하다.(특히 그것이 고용자와 피고용자가 함께 보험료를 납부하는 강제적인 실업보험에 기초하고 있다는 사실을 염두에 두면 더욱 이해할 수 없다.) 하지만 톱시(Topsy)라는 말처럼 아무런 근거 없이 생겨난 말은 아닐 것이다.[12] 그 자체의 지급에는 활동을 자극하기 위한 관리자로서 고안할 수 있는 모욕감과 불편함이 수반된다. 그리고 그것이 근본적으로 보험 청구권이기를 그칠 때, 실업수당은 '모두를 위한 배당'의 전신으로서 비록 국가 소득에 기초한 작은 배당일지라도 배당의 신데렐라다. 따라서 그렇게 대접받아야 마땅하다. 총체적으로 그것은 공동체 내의 나머지 사람들이 힘겨워하는 세금 부담을 초래하는 지출의 주요한 원천 중 하나로 전면에 부각되고, 그래서 불우한 수혜자들에 대한 적대감을 자아내는 효과를 낳는다. 그리고 그 적대감은 좀 더 친숙한 다른 형태의 배

---

**12** Topsy는 Topsy Turvy라고 통상 함께 쓰이는데 '위아래가 뒤바뀐', '뒤죽박죽인' 등 의 의미를 지닌다. Topsy는 Top을 연상시키는 단어며, Turvy는 바로 연상되는 단 어가 없으나 중세 시대의 단어 tirve가 '뒤집어지다', '넘어지다'의 의미를 지니고 있 어서 대략 비슷하게 그 의미를 연상할 수 있는 단어들이다.

당[13]에 대한 정통 사회주의자들의 격렬한 항의와 비교될 수 있다. 거기 참여하는 사람들에 의해 향유되는 강요된 여가는 그것을 둘러싼 규제에 의해 실질적으로 무가치해진다. 한 시간이라도 간단한 일을 하다가 들키면 그 실업자는 사기죄로 강제 노역을 하게 되며, 공공 직업 안정소(Labour Exchange)에 등록된 개인이 반나절의 나무 자르기를 하기 위해 필요한 서류와 비교하면 러시아의 여권 제도가 오히려 간단할 정도다. 그리고 반드시 명심해야 할 것은 실업수당은 최소한의 재화에 대한 청구권일 뿐이라는 점이다. 더불어 그 재화들은 그것을 세금으로 거둬들였던 그 사람들에게는 이미 필요한 만큼 충분히 있으며, 따라서 현재 부족하다고 하는 '고용'을 추가로 제공할 요건을 충족시키지 못하는 쓸모없는 것들이다.[14]

게다가 이 모든 것에도 불구하고, 실업 상태에 처해 일정 기간 실업수당을 받았다는 것은 십중팔구 **현재 상황에서** 그 개인이 지속

---

**13** 자본가들이 수취하는 투자금에 대한 이익배당을 의미한다.

**14** 실업수당은 기본적 생필품을 구입할 최저 금액이며, 이런 생필품은 이미 초과 공급 상태다. 따라서 실업수당을 지급해서 이 물품들을 구입한다고 해서 거기서 추가 생산이 이루어져 고용이 창출될 여지도 없고, 추가적인 세금을 징수할 수도 없는 무용한 재화들이다. 따라서 실업수당이란 이런 사회적으로 쓸모없는 재화를 빈민들에게 단지 나누어주는 기능을 할 따름이라는 사실을 더글러스는 강조하고 있다.

적인 고용을 얻기 위해 다시는 진지하게 경쟁하지 않을 것을 의미한다는 것은 악명 높은 사실이다. 말하자면, 비록 가장 열악한 조건에서라도 잠자리와 음식과 옷에 대한 기본적인 요구가 충족된다면 (노동 시간과 보수 그리고 통상적인 편의 제공 등을 감안할 때) 인간은 오늘날 산업 시스템이 제공하는 것보다 좀 더 매력적인 활동을 위한 배출구를 발견할 것이다. 오늘날 세상의 현존하는 상황 아래서 개인 또는 공동체에 대한 그런 활동의 상대 가치를 평가하는 것은 백만장자들에게서 주로 발견되는 것 같은 확신을 필요로 한다. 어쨌거나 그들은 수출을 위한 생산에서 보편적 고용의 결과로 나타날 수 있는 또 다른 세계대전을 향한 진전을 가속화시키지는 않을 것이다.[15]

비록 노동계 지도자들이 의식하고 있지는 않겠지만, 산업에 대한 금융 통제에서 그들이 가장 가치 있는 자산이면서 사실상 그 통제에 거의 필수 불가결한 존재라고 말할 수 있다. 그리고 이에 대한 이유를 찾기는 어렵지 않다. 그들은 개인들의 대표로서 발언하지 않으며, 그들이 쉬지 않고 설명하듯이 그들은 노동자의 대

---

**15** 위에서 말한 인간의 두 가지 요구 중, 첫째의 기본적인 요구가 충족된 백만장자들은 자신의 정신적인 이상을 구현하는 일에 대부분의 시간을 보내고, 거기에 가치를 부여한다. 이처럼 보다 높은 인간적 삶의 욕구를 추구하는 것은 추가적으로 생산적 노동을 함으로써 과잉생산을 초래하는 악순환을 제지할 수 있다.

표로서 발언하고, 노동자가 더 많을수록 더 많은 대표성을 갖는다. 그들이 고용을 인간의 주된 관심사라고 표현하는 것은 당연하다. 피고용자의 대리인으로서 그들의 중요성은 더욱 증대된다. 결과적으로 고용하려는 이해 당사자들과 피고용자들을 대표한다는 노동계 지도자들 간의 싸움은, 서로가 원하는 것이 더 많은 고용이라는 양측의 의견 합의가 있기 때문에 근본적으로 무대에서 연출된 싸움일 뿐이다. 양측 모두 고용이 좋다고 싸우는 것이다.

실질적인 관점에서 고려할 때, 지속적이고 보편적인 고용에 대한 기본 요구를 강조하는 근거는 다음과 같다. 임금을 목적으로 한 상업적인 고용이라는 협의로 그 용어를 사용했을 때는 분배 수단으로서 고용을 이용하는 것과는 사뭇 다른 근거에 의존하고 있으며, 사실상 그것은 근대주의자나 고전적인 이상 중 하나의 전제에만 의존할 수 있다. 이들 중 근대적 이상과 관련해서는 보편적으로 만족스러운 물질문명의 표준을 산출하기 위해 산업 발전의 현 단계에서 인간의 노력이 얼마나 필요한가, 그리고 이 목적을 위해 필요한 인간의 노동량과 이런 요구를 충족시키는 데 어떤 종류의 압력도 없이 그 시간의 상당 부분을 할애할 의향이 있는 개인들의 수가 어느 정도 비율인가에 명백하게 의존한다. 이런 상황과 관련해 상업적으로 고용되지 못한 수많은 사람들이 반드시 공동체의 물질적인 복지를 위협할 거라는 의견에 대해 현실은 어떤 정당성도 제공하지 않는다. 오히려 그와 상반되는 방향을 가리키는 믿을 만한 증거들이 엄청나게 많이 있다는 점이 앞에서 이미 개진되었다.

우리는 더 적극적으로 말할 수 있을 것이다. 분배 문제와 구분되는 실업 문제는 상당 부분 망상일 뿐이라고 말하는 것만으로는 충분치 않다. 우리가 바로 앞 장에서 살펴본 바와 같이, 우리의 금융 메커니즘은 다양한 형태의 태양에너지를 생산 방정식에 도입하는 것과 어떤 관련도 없을 뿐 아니라, 근본적으로 어떤 고려도 하지 않는다는 면에서 실업 문제가 있다. 다른 식으로 보자면, 만약 실업 문제가 내일 당장 해결되어 고용될 수 있는 모든 사람이 고용되고 금융 시스템의 현존하는 규범에 따라 대가를 지급받게 된다면, 그 결과는 가격의 엄청난 상승에 직면하거나 또는 수출 시장을 차지하기 위해 강화된 군사적인 싸움의 결과로 인해 유례를 찾아볼 수 없는 정치적 경제적 재앙을 촉발할 뿐이다.

그렇다면 그토록 근원적인 중요성을 지닌 문제에 그토록 관심이 오도된 이유는 무엇인가? 내가 생각하기로는 이 질문에 대해 단 하나의 보편적이고 포괄적인 답변이 있을 뿐이다. 그리고 그것은 의식적이든 아니든 간에 모든 종류의 의사 결정권자들에게 다음과 같은 생각이 널리 퍼져 있기 때문이다. 즉 거대한 무리의 인간 존재들을 독단적인 도덕적·사회적 이상에 동의하게 만들 수 있는 유일한 방법은, 일이 너무 힘들어서 그들이 스스로에 대해 생각할 수 있는 여가나 심지어 욕구조차 가질 수 없게 해야만 가능하다는 것이다.

이 문제는 자세하게 거론된 적이 거의 없다. 경제적 필요에 의해 강요된 고용으로부터의 자유를 뜻하는 여가는 그 자체로 유해하다는 의견이 더 일반적이다. 그러나 이는 그 문제에 관해 구할 수 있는 모든 증거들과 심하게 모순된다. 인류가 지금까지 이루어온 진보에 대해 빚지고 있는 아이디어와 발명의 75%는, 전체 구성원 가운데 아주 적은 소수자일 뿐임에도 불구하고 통상적인 관점에서 정규적인 경제적 고용의 **필요성**으로부터 어떻게든 면제된 사람들한테로 직간접적으로 거슬러 올라간다. 초월적인 천재가 재정적인 절박함의 한계를 극복할 수 있었던 곳에서조차, 이런 면제의 보호막이 없었더라면 오늘날 세상을 풍요롭게 만들어준 성취는 아마도 불가능했을 것이다. 누구나 알고 있는 우스개 소리를 하자면, 모든 경주마는 더비 경마의 잠재적인 우승마보다 더 많은 '잡초'를 뽑아낸다는 것은 상식이다. 그러나 더 많은 더비 우승마를 얻기 위해 모든 종류의 말들한테 쟁기질을 시켜보자고 제안하는 사람은 바보임이 틀림없다. 갑작스런 물질적 번영이 꽤 많은 사람들에게 커다란 위험으로 다가오는 것이 사실이다. 그리고 그런 이유 때문에 오늘날 존재하는 인위적인 결핍으로부터 풍요로운 상태로의 이행은, 사용법도 배운 적 없는 권력을 그들에게 너무 갑자기 부여하지 않는 방식으로 이루어지는 것이 바람직하다. 그러나 이미 시대에 뒤쳐지고 웃자라버린 조직의 시스템을 이런 위험 때문에 그래도 유지해야 한다고 제안하는 것은, 역마차에 미칠 파괴적인 영향 때문에 철도를 거부하는 것과 같다.

그래서 우리는 '실업'에 대한 이런 잘못된 강조는 '경제적'이라기보다는 '도덕적'인 이론을 참조해야만 설명될 수 있다고 결론지을 수 있다. 또한 노동계 지도자의 '도덕'이 그의 경제적 입장을 추적할 수 있는 원천과는 다른 곳에서 나온다고 간주할 필요도 없다.

# 4장
## 풍요 속의 빈곤

금융 메커니즘의 작동에 대한 생각으로 되돌아가기 전에, 그 메커니즘이 사회에 대한 근대적 개념보다 고전적 개념에 더 영합하는 방식이라는 관점에서, 정책을 지지하기 위해 동원되는 또 다른 생각들을 살펴보는 것이 유용할 것이다. 그리고 오늘날 열심히 검토되는 그런 생각들 중 하나가 경제의 필요성에 대한 생각이다.

늘 소득 금액을 초과할 듯 위협하는 지출을 작은 소득으로 충당해나가기 위해 애를 쓰는 보통 사람에게, 그런 경제의 필요성은 명백하고 이의를 달 수 없는 것이다. 앞에서 제기된 주장들을 따라온 이들이라면, 전체 주민의 화폐소득이 세금과 실업 또는 다른 이유로 크게 감소했다는 사실을 바로 수긍하고서 할 말이 매우 많을 것이다. 오늘날 영국에는 1914년보다 약 25%가량 더 많은 가게들과 유통센터가 있는데, 그 가게들이 상품이 없는 빈 상점이라고 보기는 어려울 것이다. 일간신문을 펼치면 상당 부분이 경기 진작의 필요성이나 그 주제들에 대한 논의에 할애된 것을 볼 수 있다. 이때 떠오르는 간단명료한 질문은, 만약 모든 사람들이 훨씬 경제적으로 행동한다면, 즉 더 적게 지출하고 더 많이 저축하려고 한다면, 어떻게 상점들이 그들의 상품을 다 팔아서 이 막중한 '경기'가 촉발되고 확장될 수 있을까 하는 의구심이다.

절약이라는 생각은 경제라는 생각처럼 원래의 용도를 잃고 왜곡된 생각의 한 사례다. 잠자리, 음식, 의복을 구하는 일이 사실상 하루의 대부분을 절약하도록 요구할 때, 이런 요구를 최대한 단순화시키는 것은 올바르고 멀리 내다보는 정책이었다. 그것은 (통상적인 망상대로) 단순화 **그 자체에** 고유한 미덕이 있기 때문이 아니라, 일반 주민의 시간을 다른 목적을 위해 쓸 수 있도록 해방시켜주는 것이 가치 있는 일이기 때문이다. 그러나 고전적 내지 '도덕적' 사고방식의 특징인 사고의 파괴적인 경직성은 이런 상황에 얽매여 그것을 정태적인 미덕으로 고착시킨다. 한번 미덕은 영원한 미덕인 것이다. 합리적인 물질적 요구의 충족에 물리적인 한계가 없다는 사실, 그리고 근대 세계에서 (가난한 러시아를 제외하면) 구매력으로서 만족스럽게 작동하는 것이 어쩌면 티켓의 희소성 말고는 없다는 사실은, 절약하라는 이런 권고를 넘쳐나는 상품에서 부족한 화폐로 옮기는 데 기여할 따름이다. 이런 상황은 파라핀 스토브로 음식을 요리하는 데 익숙한 사람에게 요리에 필요한 모든 형태의 음식과 석탄과 나무와 성냥을 주면서 파라핀은 소량밖에 남지 않았다고, 그래서 결과적으로 현재와 미래에 음식이 아주 부족할 것이라고 통보하는 상황과 유사하다. 이 이야기에서 특이한 점은, 그 사람으로 상징되는 일반 세상은 설령 그 음식을 요리하지 않은 채로 먹게 되더라도, 비유로 든 파라핀 대신 나무나 석탄 또는 다른 연료를 쓰려고 시도하지 않을 것이라는 점이다. 파라핀 상인에게 이런 상황이 매력적일 거라는 사실은 굳이 강조할 필요도 없다.[16]

다른 상황을 있는 그대로 두고, 과학 발전의 결과로 생긴 단위시간당 재화의 생산 및 배송 능력의 증가를 감안하면, 경제가 입버릇처럼 하는 이런 충고를 따르는 것이 우리를 어디로 인도할지 쉽게 알 수 있다. 만약 절약이 생산되는 재화에 대한 우리의 소비를 사실상 감소시키거나 적어도 안정시키면서, 노동시간과 직업적인 노동자의 수가 동일하게 남는다면, 실업이 정착될 뿐 아니라 해마다 이런 노동자들의 생산품 중 점점 더 많은 부분이 해외로 수출되거나 또는 어떻게든 더 많은 생산 조직들이 건설되어 문제가 기하급수적으로 복잡하게 될 것이다. 이런 상황하에서 모든 국가가

---

**16** 관건이 되는 것은 기본적 욕구의 충족에 필요한 물품이다. 따라서 그 상품을 절약하면 상품을 덜 생산해도 되고, 남은 시간을 여가로 활용할 수 있다. 그러나 화폐가 개입하면서 절약이 생산량의 감소와 연계되지 못한다. 이제 화폐의 절약은 절대적 명령으로 변질된다.

수출을 하려고 할 것이며, 오늘날 다른 행성으로 재화를 수출하는 것은 불가능하므로 국가 간 분쟁이 일어나리라는 것을 쉽게 예측할 수 있다. 게다가 '저축'의 구매력이 과도한 가격과 약탈적인 세금에 의해 끊임없이 좀도둑질당하는 것을 볼 때 '더 저축하라'는 주문은 가장 무지한 사람이라도 뻔히 알 수 있는 거짓말인 셈이다.

'절약'이라는 단어가 원래 더 행복하고, 그래서 더 온전한 삶의 상태를 구현하기 위한 진보를 의미했던 것처럼, '경제'라는 단어는 원래 가계의 경영을 의미했다. 그리고 이런 점에서 이 두 단어는 아직도 분명하고 유용한 의미를 지니고 있다. 그러나 오늘날 끊임없이 설교되는 금융 경제와 절약이 올바른 경영이나 온전한 진보를 지칭하기는커녕, 단지 불균형한 생산과 그에 따른 파국을 초래할 뿐이라는 것이 수학적으로 증명 가능하다. 소비라는 단어가 일반적으로 이해하는 바와 같이 물질적 형태의 소비거나, 아니면 적합한 여건에서 수행된 생산으로 얻게 되는 예술적 만족을 포함시켜 그 의미를 확장하거나 간에, 생산의 유일한 목적은 결국 소비다. 그리고 생산이 수요에 미치지 못하거나 혹은 초과하는 한, 경제도 절약도 원래 단어의 진정한 의미로는 사용될 수 없게 된다.

그 단어들의 실제 적용상의 실패 사례를 구하고자 하면, 민주주의라는 단어의 일반적인 사용과 그 자체를 목적으로 숭배하는 데서 단어의 왜곡과 오용에 대한 또 하나의 본보기를 찾을 수 있다. 민주주의라는 말이 다수에 의한 공무의 세심한 행정 처리를 시사하는 것이라면, 그것은 순수한 환상일 따름이며, 여태껏 존재해본 적이 없을 뿐 아니라 결코 존재할 수도 없을 것으로 보인다. 우리가 의식적으로 경험해본 어떠한 유형의 세상에서도 그것은 악몽일 따름이다. 만약 임의로 선발된 10명에게 다양한 난이도의 문제가 주어지면, 아마도 가장 쉬운 문제는 모든 사람이 풀 수 있겠지만 점점 소수만이 현안을 파악할 수 있는 지점에 금방 도달할 것이다. 그들의 판단에 맡겨진 사안들이 앞서 일어났던 사안들이 아닌 한 (진보라는 것은 선례로부터 끊임없는 다시 출발하는 것으로 구성되므로) 선발된 10명 중에서 소수만이 맞고 다수는 항상 틀리게 될 것이다. 그러나 정책을 집행하는 방법과는 날카롭게 대비되는, 정책의 문제에 관해서는 오히려 다수가 맞고 소수는 아주 빈번하게 틀린다. 국제 관계의 재정적 절차 또는 이와 유사한 사안에 대한 질문들을 유권자들의 판단에 맡기는 것은, 전혀 전문적이지 않은 공동체에 전문적인 문제를 맡기는 격이다. 거꾸로 예컨대 산업 시스템의 목적이 고용을 창출하는 것인가 아니면 재화를 생산하고 분배하는 것인가 하는 광범위하고 철학적이기까지 한 문제들은 정책의 문제다. 그런데 그런 문제들을 일반 대중의 권한과 결정으로부터 가능한 한 멀리 떨어뜨려 놓는 것은 특기할 만하다. 사실상 정치적 배후 조종자들의 목적은 유권자들에게 **오로지 동일한 정책을 구현하는 다른 방식들만** 결정하도록 제시하는 것이다.

정책의 영역은 만약 실행 결과가 만족스럽지 않을 경우 집행부를 해고하는 것을 포함한다. 영구적이고 특권적인 정부 서비스에 의해 행사되는 막대한 권력을 지난 몇 년간 일반 대중이 부분적으로 깨달았지만, 거대한 정부 부처의 업무를 가까이서 경험해보지 않은 사람들은 그런 부처의 영구적인 수장들이 얼마나 완벽하게 대중의 통제로부터 벗어나 있는가를 거의 이해하지 못한다. 우선 그 수장들은 정부라는 형식적인 기구에 포섭되기에 적당한 사고 습관을 가졌는지 확인하는 절차를 거쳐서 임명된다.(그리고 이 첫 단계에서의 성공을 위해 순수하게 고전적인 교육이 거의 필수적임을 지적할 수 있다.) 일단 임명이 되고 나면, 그들의 승진과 성공은 그 영향력이 세상 끝까지 미친다고 말할 수 있는 비밀스런 힘에 의존한다. 거대한 정부 부처의 표면적인 또는 '정치적인' 수장은 상위의 영구 관료들의 손안에 든 단순한 도구일 뿐이다. (그리고 이 현상은 특히 재무 부처에서 가장 현저하다.) 정부 부처의 영구 관료들이 정치적 수장을 해고하는 것은 어려운 일이 아니지만, 정치적 수장이 그의 영구 관료들 중 누구를 해고하는 것은 실질적으로 거의 불가능하다. 결과적으로 우리가 그렇게 많이 듣는 '민주주의'는 뿌리로부터 좌절된다. 그리고 눈에 보이지도 않고 비판의 대상이 되지도 않는 권력의 작동에 최상의 가림막을 만들어주면서, 그렇게 끊임없이 우리에게 보존하라고 권고하는 것이 바로 이런 유형의 효력 없는 민주주의다.

이런 현상이 집산주의적 심리의 결과로서만 완벽하게 존재할 수 있다는 것은 명백하다. 국가의 종복으로서의 주된 의무는 복종, 즉 개성이 없어야 하는 것이다. 다시 말해 굳이 이해할 필요 없이 무조건 개인적인 판단보다 정책을 우선시하는 것이다. 앞에서 지적한 대로 만약 정책의 원천이 세상에 완전히 공개될 때는 실제 일상 세계의 여러 사안들에 관한 정책적 처리에 대해 숱한 의견들이 나온다. 그러나 오늘날의 경우에서처럼 그 권력 아래에 있는 모든 수단을 동원해 공개를 기피하는 원천으로부터 정책이 도출될 때, 무조건적인 복종은 공공의 의무가 되기는커녕 공공의 위험이 된다.

# 5장
## 왜 세금은 과중한가?

예를 들어, 1톤의 감자를 경작하는 사람은 그로 인해 어떤 신비로운 방식으로 1톤의 감자와 등가의 구매력을 키우는 것이라는, 상식적이면서 어색한 생각이 세상에 존재한다는 것을 이미 지적한 바 있다. 이런 생각은 구체적으로 표현되지 않는 반면, 언론과 기타 다른 선전 매체에 의해 끈질기게 조성되고 있다. 그리고 이런 매체들은 대중들에게 우리의 경제적 어려움이 생산의 부족에서 비롯된 것이라는 확신을 심어주기 위해 고용된 것들이다. 마르크스 사회주의자와 공산주의 선전주의자들 사이에 인기 있는 특유한 유형의 경제학[17]이, 경제 시스템에서 화폐가 상대적으로 중요하지 않고 그것이 단지 그 아래에 있는 경제적 현실의 반영일 뿐이라고 하면서, 정통적인 경제학자들과 명백히 한 목소리를 낸다는 것은 의미심장하다.

---

[17] 마르크스 경제 이론을 의미한다.

만약 내가 1톤의 감자를 기르고 그것을 그 순간 바로 옆의 이웃이 가지고 있던 1파운드짜리 지폐 5장과 교환하면, 발생한 일이라고는 이전에 이웃이 가지고 있던 5파운드를 내가 가지게 된 것뿐이다. 내 감자는 1파운드 지폐의 구매력을 증가시키거나 (실제로는 증가시키지 못했지만) 5파운드 이상을 받게 하지는 못했을 것이다. 만약 그 5파운드가 존재하는 유일한 5파운드이자 재화를 살 수 있는 유일한 유효수요라고 가정할 때, 내가 그 5파운드의 일부를 쓰지 않으면 아무도 이 재화를 교환할 수 없을 것이다. 노동의 분업에 의존하고 있는 근대의 협력적인 생산 시스템이 지닌 두드러진 특징은, 노동과 공정의 분화가 확대되면서 개인이 생산한 물품을 그 자신은 점점 더 쓸 수 없어진다는 것이다. 작은 농장에서 일하는 사람은 (아주 낮은 수준의 편안함과 문명이나마) 자신의 산업에서 실제 생산한 물건을 소비하면서 살 수 있다. 그러나 정교한 기계의 어느 한 부품을 생산하는 고도로 숙련된 기계공은 그의 생산물로 보통주를 만들고, 조립된 생산물 중 그의 몫에 해당하는 만큼을 화폐를 매개로 그 보통주에서 인출해서 살아갈 수 있다.

이런 가정으로부터 도출되는 아주 중요한 추론들이 있다. 첫째, 화폐는 유효수요일 따름이다. 그것은 부가 아니고, 생산품이 아니며, 유효수요가 아닌 어떤 것과도 내재적이고 불가분의 연계를 갖지 않는다. 그것이 첫째 논점이며, 그것을 명확하게 파악하는 것이 무엇보다 중요하다. 그것은 신용 구매력의 진정한 소유권에 관한 물음의 근저에 놓여 있다. 둘째, 우리가 상상할 수 있는 한에서 만족스러운 형식의 유효수요 시스템이 없으면 협력적인 산업 시스템은 존재할 수 없다. 그리고 불만스러운 화폐제도(말하자면 유효수요로서 만족스럽게 기능하지 못하는 화폐제도)는 인류를 야만 상태의 특성인 개인적인 생산의 상태로 후퇴시킨다. 셋째, 오늘날 가장 직접적인 중요성을 지니는 것으로, 화폐제도에 대한 통제는 문명화된 인간에 대한 통제다. 달리 말해 화폐나 그 등가물은 근대 경제의 부차적인 특징이라기보다 그것이 바로 시스템의 핵심이다.

지금 영국의 법정통화 금액은 대략 4억 파운드에 달한다. 그것은 1인당 약 9파운드에 해당한다. 어느 날 법정통화가 아닌 유효수요의 모든 유형이 화폐로서의 기능이 중지되면, 틀림없이 많은 일들이 발생할 것이다. 그중 하나가 이것이다. 만약 이 4억 파운드가 국가의 생산물 전체에 대한 유효수요로서 기능하고자 한다면, 각 단위 파운드당 구매력은 생산성의 증가와 동일한 비율로 증가해야만 한다. 그것은 생산성이 오르면 그에 비례해서 가격은 하락해야 하고, 간단히 말해 가격은 생산성에 반비례한다는 것을 의미한다. 그리고 이는 법정화폐를 누가 소유하고 있느냐와는 무관하다.

그러나 누군가가 지폐를 위조하거나 또는 어떤 다른 방법에 의해 법정화폐 또는 관습적인 화폐를 증가시키는 방법을 발견했다고 가정하면, 그때 이 법정화폐 또는 관습적인 화폐의 양을 증가시키는 과정은 생산성을 증가시키는 과정과 반대로 작동할 것이다. 그리고 만약 **유효수요로서 계속 기능하면서** 법정화폐의 증가가 생산성의 증가와 병행된다면, 원가가 자발적인 판매자를 몰아낼 정도로 오르지 않는다고 가정할 때 단위 생산성당 가격은 그대로 일정하게 유지될 것이다.

우리는 생산 시스템과 관련해 이론으로서가 아니라 현실로서 알고 있는 것이 있다. 우리는 노동시간당 생산성이 엄청나게 증가했음을 알고 있다. 어떤 경우에는 125년 전과 비교해서 생산성이 거의 100배가 증가했다. 우리는 또한 가격이 수년 동안 떨어지지 않았을 뿐 아니라 오르고 있다는 것을 알고 있다. 그리고 법정화폐 외에도 다른 많은 형태의 유효수요가 있다는 것을 알고 있다. 그리고 대단한 수완이 없어도 이 모든 사실들이 서로 어떤 관계를 가지고 있다는 것은 쉽게 추론할 수 있다.[18]

우리는 이미 은행대출의 결과는 은행 고객이 인출할 수 있는 총

---

**18** 통화량에 변동이 없다면 생산성의 100배 증가는 가격을 100분의 1로 낮췄을 것이다. 그러나 통화량의 증가가 생산성의 증가와 수반되면서 가격이 정체 내지 상승한 것이다. 따라서 법정화폐 외의 통화량, 즉 유효수요가 그동안 엄청나게 공급된 것이다. 다음의 논의는 이 유효수요의 증가가 은행에 의한 신용 창출이 아니라 정부에 의해 이루어지는 사례를 보여주기 위해 정부채 발행 방식의 예를 기술하고 있다.

체적인 예금의 양을 증가시킨다는 것을 알고 있다. 그리고 그 예금은 물론 화폐로서 기능한다. 이런 대출의 상환은 예금을 잠식하고, 따라서 유효수요를 잠식한다. 그러나 장부 기입을 통한 구매력의 창출 과정은 훨씬 중요한 추가적인 확장성을 갖고 있으며, 이는 영국이 1914~1919년에 걸쳐 전쟁 자금을 조달한 방법을 고찰함으로써 파악할 수 있다.

전쟁은 그 요구가 너무나 긴박해서 모든 법적·금융적 규제의 물음들보다 우위에 놓이는 소비자다. **전쟁 중에 법은 침묵한다.** 그들의 현존 시스템이 불가피하게 전쟁을 유발하는 경향이 있음에도 불구하고, 법률가들과 금융업자들이 전쟁을 두려워하는 이유가 바로 이것이다. 그리고 전쟁이 그 자체로 끔찍함에도 인간을 구속으로부터 그렇게 종종 해방시켜주는 이유도 이것이다. 이런 상황으로 인해 전쟁 목적으로 생산할 때의 한도는 인위적인 제한이 아니라 고유한 힘에 의해 정의된다. 말하자면 정상적인 경우에 금융과 생산 간의 연계를 유지하기 위해 생산이 금융을 따라야 하는 것과 달리, 전쟁 중에는 금융이 생산을 따라야 한다. 따라서 생산의 최고 한도까지의 확장은 금융이 정상적인 진행 과정에서 얻게 되는 모든 비율을 넘어선 증가율로 확장됨을 의미한다. 그리고 이런 확장은 정상적인 금융의 인위적인 성격을 단번에 드러낸다. 영국의 금융이 기초하고자 했던 금본위제도가 전쟁 발발 몇 시간 만에 붕괴되었다는 것은 이미 자세히, 아마도 충분히 지적된 바 있다. 그것이 중요하다. 그러나 금본위제도라는 것이 화폐가 신용의 기초가 되는 금융 시스템의 한 가지 측면일 뿐이듯이, 그것은 단지 첫 단계일 뿐이다. 더욱 근본적으로 중요한 것은 생산이 최대한의 생산성 수준으로 즉각 확장되는 것이다. 그런 확장에 대한 금융 비용을 가격에서 보상받을 수 있을 것이라는 생각은 완전히 부조리하게 보인다.

(전쟁 무기와 군수품뿐 아니라 참전한 군대의 보급 부서에서 필요로 하는 수백만 세트의 물품을 포함하는) 전쟁에 필요한 방어 물자의 상당 부분은, 단연코 소위 사적인 사업에서 생산되고 정부에 의해 보상받는다. 정부가 구입품에 대한 대가를 지불할 화폐를 마련하는 정상적인 수단은 과세이며, 균형재정은 과세에 의한 수입이 공공 서비스에의 지출만큼 충당하는 것을 뜻한다. 이런 상황 아래서 생산 비용과 이익은 정부에 의해 (과세라는 매개를 통해) 가격으로 보상된다. 보급 부서에 의해 제시되는 과세액은 정부에 지급된 제품의 모든 관련 비용이 포함된 가격을 나타낸다.

1914년 8월부터 1919년 12월까지 국가 부채는 약 6억 6천만 파운드에서 약 77억 파운드로 증가했다. 그리고 이 증가는 대체로 현재의 과세로는 상환이 불가능해 보이는 해당 기간 동안의 지출액을 나타낸다. 말하자면 1914~1918년 기간 동안 공급 목적의 평균 세금 금액을 연간 약 3억 파운드라고 하면, 전쟁 목적으로 공급된 재화 및 용역에 대한 소비자로서 국민이 지불한 금액은 약13억 5천만 파운드다. 그리고 그 재화 및 서비스에 대한 재정적 비용이 약 83억 5천만 파운드라면, 원가와 가격의 비율은 대략 1 대 6.2다. 달리 말하면, 재화는 국민에게 명백히 재정적 비용의 6분의 1에 판매되었고, 그때 거기에서 누구도 금전적 손실을 보지 않았다. 어떻게 이런 일이 일어났는가?

이 금액 중 상당 부분(일부는 위에 언급된 숫자를 초과할 수 있는)은 세입 계정(Ways and Means Account)이라는 것을 통해 창출되었다. 그리고 이 계정에 대해서는 1918년에 화폐 및 외환 위원회가 제출한 첫 보고서의 2쪽에 기술되어 있다. 바꾸어 말하자면 그 절차는 다음과 같이 간략히 설명된다.

만약 1천만 파운드의 신용공여가 영국은행에서 공공(즉 국가) 예금의 신용으로 (이 액수를 공공 예금계좌에 단순히 기록함으로써) 선지급되면, 그 금액은 지불 부서에서 납품업자에게 서비스에 대한 대가로 지불된다. 그리고 그 수표가 결제되면, 영국은행에 있는 납품업자의 은행(합자 은행) 계좌의 신용으로 넘어간다. 그 은행은 영국은행에 있는 그들의 신용을 익숙하게 요구불 현금으로 처리해서 1천만 파운드가 은행의 예금자 계좌로 이체되고 동일 액수가 은행의 현금 계좌에 입금된다.

이 결과로 은행은, 소위 현금과 단기 부채 사이에서 1대 4의 비율로 계산하여, (정부 계약에 따라 일하는) 그들의 고객에게 4천만 파운드 한도까지 당좌대월해줄 수 있게 된다. 그리고 그중 일정 부분은 그들 고객이 재무부 단기 증권이나 전쟁 대출을 소화하는 데 쓸 것이다. 은행 스스로는 추가적인 예금 잔고에서 약 8백만 파운드의 재무부 단기 증권이나 전쟁 대출을 소화하고, 혹은 약 8백만 파운드를 정부에 빌려주도록 영국은행에 대출해줄 수 있다. 최종적으로 결과는 동일한데, 정부는 영국은행을 통해 은행에 대해 4천만 파운드를 빚지게 된다

이제 지적할 첫째는 이 복잡한 과정의 결과가, 단순히 지폐의 인쇄 비용을 지불하는 대신 4천만 파운드에 대해 국민이 연 4~5%를 지불한다는 중요한 사실만 제외하면, 정부가 직접 4천만 파운드를 지폐로 공급한 것과 정확히 동일하다는 것이다. 4천만 파운드가 생겼지만 가격에 미치는 효과는 동일하고, 납품업자는 화폐를 무료로 사용하지 않고 그들의 당자차월에 대해서 6~7%를 지급한다. 그러나 만약 4천만 파운드가 세금 또는 자본과세를 통해 상환되면, 국민은 납품업자가 6~7%를 지불하는 것과 함께 1년에 5%와 그 양쪽의 이윤을 더해서 지불할 뿐 아니라, 노임과 봉급과 배당으로 받았던 돈에서 4천만 파운드 전액을 지불해야 한다. 내가 알고 있는 한 아무도 그 지폐를 세금으로 상환해야 한다

고 주장하지 않았다. 4천만 파운드가 상환되면, 부채 원금과 상환액은 서로 상쇄되고, 은행의 손익계정에 부과된 이자 금액만 올라간다. 그러나 우리가 본 바와 같이, 은행 대출의 상환은 동일한 금액의 가격에 해당하는 물건의 유통을 정지시키는 것을 의미하기 때문에, 이는 단지 새로운 대출이 새로운 이자 부담과 함께 창출되어야 함을 의미할 뿐이다. 이런 사실에 대한 고찰을 통해 은행가들과 금융업자들이 정부지폐에 대해 완강하게 반대하고, 그들이 상환의 중요성을 주장하는 것을 쉽게 이해할 수 있다. 따라서 전쟁 및 기타 물품들 가격의 겨우 6분의 1만을 현행 세금으로 납부한 것은, 가격의 나머지 6분의 5의 신용공여가 국민에게 이루어졌다는 것이다. **이 신용의 상환은 은행이 공공 신용을 소유한다는 전제에서만 정당화할 수 있다.**[19]

일반적인 은행가라면 전술한 진술에 대해 그 사실을 인정하지 않을 수 없으면서도, 아마 이렇게 말할 것이다. "그래. 그러나 지폐를 찍는 일은 끝이 없어. 일단 시작하면 계속 해야 할 거야." 그의 주장을 인정하지 말고, 그의 대안이 무엇일지 살펴보자.

은행대출이 은행예금을 창출하기 때문에 방금 기술한 과정이 엄청나게 많은 예금자 계좌를 양산하거나, 아니면 제조업자가 그

---

**19** 여기서 공공 신용은 화폐 발행권을 의미한다.

의 사업을 계속 영위하기 불가능하게 될 정도로 엄청난 금액의 당좌대월 회수를 요구하게 만들 것이다. 따라서 이런 통제 불가능할 정도의 자금을 조달해줄 필요가 생겨난다. 말하자면 화폐로서 작용할 어떤 것에서 그 이자만 화폐로서 작용할 '자본증권'으로 전환하는 것이다. 그런 예금을 다양한 유형의 정부 주식으로 전환하기 위해, 액면 금액의 80%까지 대출해주는 것을 포함해서 은행들이 온갖 유인책을 제공했다는 것은 아직도 기억에 생생하다. 그 결과는 그들의 보증되지 않은 당좌대월의 상당 부분을 정부증권을 담보로 한 대출로 전환한 것이었다. 무슨 일이 발생했는지 관찰해보라. 그 가치의 80%는 원래 펜 놀림에 의해 창출된 은행 당좌대월일 뿐이었던 정부 대출이 동일한 대월에 대한 담보로 은행에 보관되고 있다. 전쟁이 종료되고, 아니 전쟁이 종료된 뒤 약 1년이 경과한 시점에 은행들은 이 당좌대월을 회수하기 시작했다. 만약 그들이 그 금액 전부를 청구한다면, 이미 은행에 있는 법정통화 4억 파운드를 제외하고는 나라 안에는 아무런 화폐도 남지 않을 것이다. 현존하는 신용공여의 부분적인 해소 그리고 새로운 신용의 발행률 삭감의 결과로, 모든 유형의 정부증권들이 은행의 청구에 대응할 현금을 구하기 위해 시장에 쏟아져나왔다. 그 가치는 그들에게 대여되었던 금액 대비 시장가격의 마진이 사라질 때까지 하락했고, 결과적으로 그 증권들은 은행의 수중으로 들어갔다. 그래서 1922년 중반까지 정부가 발행한 전쟁 증권의 90%가 은행 내지는 금융기관의 소유권이나 완전한 유치권 아래로 들어왔다. 이 시점부터 이 증권을 더 높은 가격에 국민들에게 재판매하는 과정이 시작되었는데, 때마침 경기 부진으로 나라 안의 가용한 현금을 고정금리 채권으로 몰아넣는 분위기가 조성되었다. 이런 목적을 위해 쓸 수 있는 화폐가 상대적으로 적은 금액이고, 엄청난 금액의 정부증권이 은행 계좌에 은행신용을 직접 대출을 담보하기 위해 구입되었다는 사실로 인해, 정부증권의 총발행액의 심지어 75%는 아직도 은행의 수중에 있거나, 개인 수중에 있는 상태에서 유치권의 형식으로 은행에 의해 보유되고 있을 것이다.[20] 이 과정의 순결과는 국민이 매년 3억 2,600만 파운드를 화폐로 활용하지 못하고, 감채기금[21]의 형식으로 갚아나가야 하는 고정 대출에 대한 이자로 지급하는 것이었다. 그런 감채기금은 미래의 생산에서 배분될 원가로부터 징수되고, 그로 인해 국민은 국내에서 생산된 재화를 구매하기가 더욱 어렵게 되거나, 아니면 공개

---

**20** 이 책의 초판이 인쇄되었을 때, National Provincial Bank에 의한 Guernsey Bank의 흡수가 발표되었다. Guernsey Bank 주식 액면 10파운드 권에 National Provincial Bank 5파운드 주식 2매와 표면금리 5%의 전쟁 대출 증권 18파운드가 지급되었다. (원저자의 주석)

**21** 원리금을 분할상환 방식으로 갚아나가도록 고안된 채권으로, 처음 전액을 대출받고 정해진 기간 동안 이자와 원금을 분할해서 갚아나간다.

적이거나 위장된 방식으로 새로운 대출을 창출함으로써 상환되어야 했다.

그러나 거래의 미덕은 그것의 완결성에서만 보여진다. 세금이나 다른 방식에 의한 대출 상환은, 원래 그것을 창출했던 (원가가 들지 않는) 장부상 신용의 상환과는 달리 소멸을 의미하지 않는다. 감채기금은 그 증권을 대가로 대출 보유자에게 현금을 지급하기 때문에, 구매력이라는 형식으로 단지 모습을 바꿀 따름이다. 그리고 국민들은 화폐를 다시 사용하기 위해 대출 기간 동안 이자와 감채기금을 갚을 것이며, 은행이 대출의 대부분을 갖고 있을 것이기 때문에 후자가 화폐를 받을 것이다. 이 책의 3부에서 금융 신용의 유익한 소유의 문제에 대해 살펴볼 필요가 있다. 그리고 과거 수년간의 금융 운용에서 시사하는 바와 같이 신용 시스템을 운용하는 현재의 방식이 초래한 결과들을 파악하는 것도 그 목적을 위해 필요하다.

왜 은행이 25% 내외의 배당금만 지급하는지 물을 수 있을 것이다. 답은 간단하다. 그들의 진짜 소득은 그들이 획득한 산업계에 대한 지배력에 의해 측정된다. 그 소득은 너무 빨리 증가해서, 만일 견제가 없다면, 수년 내에 그 지배력은 절대적이 될 것이다. 배당금으로 분배되는 금액은 이 자본 지배에 대해 원하는 어떤 배당도 가능할 것이다.

# 6장
## 세금과 노예 상태

'시온의 학식 있는 장로들의 의정서(The Protocols of the Meetings of the Learned Elders of Zion)'라는 제목으로 몇 해 전에 언론의 상당한 관심을 받았던 특이한 문건에서, 세계를 노예화하기 위한 마키아벨리적인 계획의 대략이 기술된 적이 있었다.[22] 이 문건의 진위는 그다지 중요한 문제가 아니다. 이 문건에서 흥미로운 점은 노예화시키는 수단을 일상에서 경험하는 사실들을 통해 충실하게 보여준다는 점이다. 그 논문에서는 금융 시스템이 그 목적에 가장 적합한 매체라고 설명했다. 가짜 민주주의를 주입시킬 것을 추천했고, 법률의 위반에 대해서는 보복적인 처벌을 권고했다. 세계대전이나 그런 전쟁을 일으킬 만한 수단은 적어도 20년 전에

---

**22** *The Protocols of the Elders of Zion* 또는 *The Protocols of the Meetings of the Learned Elders of Zion*으로 알려진 이 문건은 유대인이 세계 지배를 계획하고 있다고 주장하는 반유대주의적인 날조 문서다. 이 문건은 1903년에 러시아에서 처음 발간된 뒤, 여러 언어로 번역되어 20세기 초에 널리 배포되었다. 이 문건은 히틀러도 이용했는데, 당시 전 세계에 반유대인 정서를 조장하는 데 크게 기여했다.

예견된 것이었고, 뼈를 깎는 세금의 부과, 특히 부동산 소유자들을 겨냥한 과세가 그 계획의 촉진을 위해 필수적임을 구체적으로 설명했다. 그런 과세를 옹호하기 위해 겉으로만 그럴싸한 민주적 기구와 '여론'을 움직이는 언론기관들을 동원할 수 있는 방법과, 도시와 시골의 이해 간에 적대감을 조장할 수 있는 방법이 악마적이라고 묘사할 수밖에 없는 세밀함과 정확성으로 설명되었다

이 문건은 원래 연역적이기보다 귀납적이라고 볼 수 있다. 말하자면 위대하지만 왜곡된 능력을 지닌 어떤 개인이 현존하는 사회 메커니즘을 충분히 파악한 상태에서, 그에 따른 자동적인 결과들을 보고 이용했다. 만약 사정이 그렇다면 세상은 그 신비로운 저자에게 고마워해야 한다. 그가 일반화시킨 사실들은 실제로 상당히 정확했으며, 거기서 나온 귀납적인 예측들은 신속하게 실현되고 있는 중이다. 거기서 너무 명백하게 드러나는 결점들을 충분히 감안한다면, 앵글로 색슨적인 특성은 오늘날 세상에 존재하는 압제에 대항하는 가장 큰 방어벽으로 남을 것이다. 그것은 이미 충분히 많이 다루어진 주제여서, 여기서 더 덧붙일 필요는 없는 것 같다. 전 세계에 대해 효과적인 패권을 확립하기 위한 의식적이거나 무의식적인 어떤 시도도 앵글로 색슨을 무력화시키는 방식에 집중할 것이다.

지금 영국 국민, 즉 남자, 여자, 어린이들은 현재(1933년) 1인당

16파운드 7실링(가구당 약 65파운드)의 세금을 납부한다. 이 금액은 다른 어떤 나라에서 부과하는 인두세와 비교해도 거의 3배에 해당한다. 거대한 부동산들은 상속세와 유산세로 인해 개인의 수중에 남아 있을 수 없게 되고, 결국 시장에 매물로 나와 금융 신용의 창출 수단에 접근할 수 있는 기업들에 의해 구입된다. 이 두 가지 형태의 과세는 동시에 발생한다. 즉 상속과 유산에 대해 부과되는 거대한 자본과세가 **일반 과세를 줄이기보다는 오히려 그런 과세의 지속적인 상승을 수반했다.** 미국에서 실질 개인 재산(1923년)의 추정 가치는 2천억 달러다. **금으로 지불해야 할** 국가 및 민간의 채권화된 부채는 1,200억 달러다. 미국 전체의 재산 가치를 분할해서 이자와 세금으로 모두 납부하는 데 소요되는 총기간은 약 20년으로 추산된다. 미국의 채권화된 부채가 영국의 채권화된 부채의 주요 소유자와 같은 계층인 금융기관에 의해 보유되고 있다는 것은 거의 언급할 필요조차 없다. 은행과 금융기관들은 우리의 채권자이고, 부채 감소에 대해 부과되는 자본과세[23]는 단지 이런 기관들의 이익을 위한 과세이며, 채무자로서의 국가가 그들에게 지불할 여력을 증가시킨다.

---

**23** 자본과세는 소득에 대해 부과되지 않고 보유하고 있는 재산, 즉 부에 대해 부과된다. 부채의 감소는 그 액수만큼 부의 증가를 뜻하므로 이에 과세하는 것을 뜻한다.

(앞 장에서 어느 정도 개괄한 방식으로 창출된) 공공 부채에 대한 이자로 표현되는 이 과세의 몫은, 그 종착지가 집중되어 있을수록 더욱 부담이 된다. 만약 부채의 소유권이 세금을 납부하는 국민들에게 균등하게 배분되어 있다면, '정상적인' 원칙에 따라 그 부채의 제공이나 상환이 이루어지더라도 영국의 부채가 지금의 10배가 되는 것이 크게 문제되지 않을 것이다. 1년에 가구당 65파운드가 세금으로 징수되고 (간접 비용을 무시하면) 1년에 65파운드가 배당금으로 분배될 것이다. 그런 운영은 사실상 무의미해서, 이런 관찰로부터 우리는 오늘날 금융과 과세가 단지 금융 권력을 집중하기 위한 기발한 시스템일 뿐이라는 흥미로운 사실을 추론할 수 있다. **국가 부채를 재분배하자는 제안은 사회주의 지도자들로부터 조그마한 격려조차 받아본 적이 없다.**

이제 한눈에 이것이, **소수가 부자여서** 다수가 가난하다는 노동자─사회주의자의 단순한 생각을 그럴 듯하게 해주는 듯이 보인다. **이는 시간적 선후 관계를 인과관계로 오해한 것이다.**[24] 그러나 문제는 그렇게 단순하지 않다. 이 과정을 통해 소수만이 부자가 되는 것은 사

---

**24** "그다음에, 따라서 그 때문에(Post hoc, ergo propter hoc)"라는 말은 시간의 선후 관계를 인과관계로 혼동하는 것을 뜻한다. 여기서는 소수의 부자가 있고 다수의 가난한 사람들이 생겨난 결과를 소수가 부자이기 때문에 다수가 가난하다는 인과관계로 혼동하는 것을 빗대어 쓴 말이다.

실이다. 그런데 훨씬 더 많은 사람들이 부자가 되고자 하는 희망을 갖는다. 그래야 그들의 협력이 가능하게 된다. 그러나 부가 만약 전체 주민들에게 균등하게 배분된다면, 가시적인 형태로의 그들의 전체 부는 아주 적은 금액일 뿐이다. 진행되는 주된 경향은 신용에 대한 통제를 거대 조직에, 주지하다시피 잠재적인 형태로 대형 은행이나 보험회사의 수중으로 집중하는 것이다.

영국의 노동자─사회주의 정당의 주요 강령 중 하나였던 자본 과세에 대한 제안이 **기업이나 사업체가 아닌 개인**에 대한 징수였음을 지적할 가치가 있다.

자세하게 설명할 것도 없이, 대형 은행들마저 너무 많은 주목을 끌게 될까 봐 그들의 진짜 이익을 배분하기를 주저하고 있다. 도시든 마을이든 간에 조만간 모든 모퉁이 자리가 은행의 수중에 들어간다는 것은 상징적인 사실이다. 모퉁이 자리는 잠재적인 요지다. 최근 미국 클리블랜드에 건설된 은행이 폭탄에도 끄덕 없게 설계되었고, 건물의 각 모퉁이마다 기관총이 설치되어 있다는 사실을 설명하는 데 이 이론을 사용하는 것은 다소 과할 수 있다. 기관총으로 위협하는 것보다 당좌대출을 줄여야 한다고 예의 바르게 암시를 주는 것이 보통 사람들에게는 훨씬 효과적인 논법이다. 그러나 그 생각은 서로 다르지 않다.

마치 나무가 토양을 희생시켜야만 자랄 수 있는 것처럼, 하나의 조직은 거기에 관련된 사람들의 희생으로만 힘차게 성장할 수 있다. 은행 조직의 성장을 나타내는 두 가지 유형적인 징후인 모퉁이 자리와 화강암과 대리석으로 세워진 빌딩은 은행의 분배되지 않은 이익을 나타낸다. 분배되지 않은 이익은 단순히 취소된 신용이다. 그것은 기관에 의한 '저축'이다. 그것은 예금과 같은 가시적인 형식에서 대출 증권이나 주택 담보부 증권처럼 잠재적인 형식으로 전환된 신용이다. 이렇게 취소된 신용은 어떤 모습으로 취소가 되었든 간에 장부 가격에는 그대로 남아 있으면서 사라진 해당 금액만큼의 구매력을 나타낸다. 그리고 그 효과는 동일 금액의 재화가 동일한 신용 영역에서 팔리지 않게 되는 것이다. 따라서 거대 조직의 수중에 증권이 이렇게 집중되는 것은 개인의 수중에서 그만큼 집중되는 것보다 훨씬 더 중요한 문제. 개인은 그런 식으로 받은 거액을 어떻게든 지출할 것이고, 그 지출은 당연히 매우 넓은 활동 영역에 걸쳐 골고루 흩어지기 때문이다. 그러나 은행 같은 기능적인 조직은 은행의 권력과 중요성을 강화하기에만 관심이 있고, 그런 결과를 조성하려는 단일한 목적을 위해서만 신용 권력을 사용한다. 그것이 우리가 주택 대신 은행 지점이나 다른 산업 빌딩을 짓는 이유며, 주택을 지을 경우에도 대부분 값싸고 형편없는 이유다. 전후의 평범한 단층집이나 작은 집에서 화강암이나 대리석을 보기는 쉽지 않다.

그러나 아무리 그렇다 해도 이 과정에서 불가피하게 한 가지 결과가 도출된다. 개인이 사용할 수 있는 화폐와 구매력을 더욱더 제한하고, 이 금권력을 금융기관에 집중시킨다는 것이다. 그 과정이 아무런 지장 없이 진행되고 또 화폐의 소유가 여전히 생활필수품에 대한 유일한 청구권으로 남는다면, 단기간 내에 '시온의 의정서'의 저자가 그렇게 의기양양하게 예상했던 보편적 노예 상태가 실제로 성취될 것이다.

은행 융자에 대한 업계의 의존성 증가로 초래된, 기업들에 대한 지배의 집중은 직업적인 고용이 없이도 통상적인 생활수준을 유지할 수 있는 어떤 중요한 계층이 빠르게 제거되는 것과 병행해서 일어난다. 따라서 고용 없이는 문명화된 삶이 불가능하게 되는 이 '고용'의 제공이나 보유와 관련해, 상업적인 고용자와 상업적인 피고용자 모두가 그 행동에 대해 어떤 비판도 받지 않는 '보이지 않는 지배' 아래로 들어가는 것이다. 이미 사라진 노예 사유제는 노예가 자신의 노예 상태를 의식하지 않을 수 없으므로 결과적으로 감시인을 필요로 하는 결정적인 결함을 안고 있었다. 그러나 우리가 지금 위협받고 있는 훨씬 은밀하게 진행되는 예속은 오직 노예 상태만이 특권으로 인정되고, 그 대안으로는 모멸감과 그에 이은 굶주림만을 약속한다.

# 7장

## 세계 권력을 위한 노력

모든 사업이 현재 '돈을 번다'는 분명한 목적으로 수행되고 있음을 고려하면, 비록 그 세부 사항을 일반적으로 잘 모른다고 하더라도 화폐제도의 주요 원칙에 관해서는 이론의 여지가 없다고 상상할 수 있다. 그러나 그 문제에 관해 심지어 기초적인 일관성이나 합의조차 없다. 이런 명백한 사례 중 하나는 외환 문제와 전쟁 배상금에 관해 두드러지게 나타나는 혼동이다.

영국은 특히 재화 및 서비스를 수출해서 유지된다고 말한다. 이른바 정통 학자들의 서클에서는 이에 대해 어떤 논의도 없이 그저 자명한 것으로 간주한다. 그것이 우리가 '부유하게' 된 방법이다. 반면 베르사유 조약에 의해 전쟁에 패한 범죄에 대해 독일에게는 모든 유형의 처벌을 가한다는 결정에 따라 엄중한 경제적 제재가 부과되었고, 다른 나라들에게는 전쟁에 이긴 대가를 보상하기로 했다. 그리고 이 벌과금은 주로 화폐로 평가되었다. 잘 알려진 것처럼 일반적으로 배상금이라고 지칭하는 이 벌과금은 그다지 성공적이지 않았다. 독일은 배상할 의향을 스스로 밝혔고, 적대국들 중에서 특히 프랑스는 독일이 배상하도록 하겠다는 결의를 표명했다. 독일은 엄청난 액수의 지폐를 찍어냈으며, 그와 동시에 부수적으로 생산할 수 있는 경제적 능력을 크게 확장했다. 따라서 독일이 배상금을 지불할 것으로 기대했으나 아직 지불하지 않았다. 그 이유는 간단하며, 많은 정통 이론가들이 설명한 적이 있다. 배상금 지불은 오직 독일산 재화 및 서비스를 수출해야만 발생할 수 있고, 그 수출은 그 재화 및 서비스를 제공할 능력에 기반한 독일의 신용을 저당 잡힌 대가로 가능하다. 그 상황의 암울한 유머를 생각해보라. 동일한 시점에 영국은 재화 및 서비스를 수출해서 부자가 될 수 있을 뿐이라고 한다. 그러나 독일은 재화 및 서비스를 수출해도 단지 처벌을 받고 아마도 더 가난해 질 수 있을 것이다. 이런 종류의 부조리를 거의 별다른 논평 없이 통과시키는 금융 과학과 경제 과학은 세상에 혼돈만을 초래한다. 배상금이라는 '벌칙'이 부과된 나라는 배상금에 해당하는 금액을 수출하기 위해서뿐만 아니라, 그 권력 아래에 있는 모든 수단을 동원해서 이 금액에 보태기 위해 온갖 노력과 힘을 다 쏟는다. 영국은 독일이 배상금을 지불해야 한다고 주장하는 매우 강경한 국가들 중 하나다. 그런데 독일이 배상금을 지불할 수 있는 유일한 수단이라고 모두가 동의하는 독일 제품이 자국에 들어오는 것을 막기 위해 관세 또는 다른 수단들을 열심히 찾고 있다. 그러면서 독일이 영국 석탄을 **수입**할 수 있도록 독일에게 신용 융자를 제공하고 있다.

모든 나라에 비록 작은 수지만, 이런 부조리를 깨닫고 그 부조리가 극단적으로 결함이 있으며 그것이 진부한 금융 시스템으로부터 비롯되었음을 이해하는 소수자들이 충분히 존재한다. 그런 사람들의 침묵은 아마도 공개적으로 노출되는 결과에 대한 두려움 때문이거나 현존하는 상황에 의해 심화되는 정책과 연루되어 있기 때문일 것이다.

세계정책의 영역을 침범하지 않으면서 단지 금융 운용의 관점에서만 고찰하면, 베르사유 조약의 배상금 조항을 무효화시키는 것이 사업으로서의 금융에 모든 면에서 유리하다. 금융업자에게 하나의 국가는 단지 그것을 기초로 대출을 창출할 수 있는 담보일 뿐이다. 대출이 없는 사유 부동산이 대출업자에게 풍경 위로 돌출되어 보이듯이, 국가 부채가 담보 가치만큼 크지 않은 나라는 국제금융을 일으킬 수 있는 대상이 된다. 만약 독일의 향후 20여 년 동안의 생산능력이 지난 전쟁에서 독일에 대항해서 참전했던 연합국을 위해 쓰일 수 있게 효과적으로 저당 잡혀 있다면, 독일은 결코 대출을 위한 좋은 담보물이 될 수 없다.

이런 이유로 금융의 이해관계자들은 배상금의 지불을 방해하려고 하고, 최종적으로는 배상금의 지불 의무를 취소하려고 할 것이다. 그리고 이는 현존하는 금융협정 아래서 독일이 결코 원하지 않을, 재건을 위한 '국제적인' 대출을 제공할 것이 분명한 신호를 줄 것이다.[25]

이런 일련의 논의가 수용된다면, 미국에 대한 영국의 부채를 상환하라는 미국의 주장이 독자들에게 틀림없이 모순처럼 보일 것이다. 그러나 누군가가 전쟁 부채를 상환해야 하며, 그렇지 않으면 금융 부채의 상환은 심각하게 신용을 잃는다는 것을 기억해야 한다. 그리고 미국 정부는 영국의 부채를 영국의 정책을 통제하기 위한 정치적 무기로 만들기 위해 부채 상환을 그토록 움켜쥐고 있다는 사실을 기억해야 한다. 더 나아가서 금융 시스템은 중앙집권화된 시스템이며, 전 세계적인 독재라는 단 하나의 논리적 결말을 가질 수 있다는 점도 기억할 필요가 있다. 지난 5~6세기 동안 이런 잠재적인 전 세계적 독재의 임시 본부가 나라에서 나라로 여러 번 옮겨왔다. 한때 그것은 이탈리아, 구체적으로는 제노아였고, 그 뒤 저지대와 롬바르디아로 이동했는데, 거기로부터 롬바르드 거리에 이름을 부여한 유대계 롬바르드 인들이 들어왔다. 18~19세기 동안 그 본부는 의문의 여지없이 런던이었고, 이제 온갖 암시

---

**25** 이 단락은 1923년에 쓰여졌으며, 이후의 사건에 의해 상세히 정당화되었다. – 수정본 주석. (원저자의 주석)

들로 보아 뉴욕으로 변경될 것이 예상된다. 가용한 금융 여력하에서 미국 달러나 정부증권을 구입하고 그 발행을 취소하는 방식으로 수행될 총 13억 파운드에 달하는 부채의 상환이 이루어지고 나면 영국의 금융 경제는 기능장애 상태에 이를 것이다. 그리고 그것은 최후의 세계 섭정이 확립되는 논리적이고도 필요한 단계가 될 것이다.

따라서 우리는 현재 진행되고 있는 경제적이고 산업적인 거세와 함께, 영국의 심리적, 정치적, 군사적 고립을 목적으로 하는 더 거대한 외교가 작동하는 것을 보게 될 것이다. 인플레이션 정책을 추구하는 동안 동시에 영국에서는 디플레이션 정책을 강요함으로써, 미국의 정치 금융 정부를 통해 작동하는 세력들은 휴전 기간 동안에 이룬 생산력과 전투력의 막대한 증가를 1918~1930년 사이에 상당한 정도로 파괴하는 데 성공했다. 대부분의 숙련된 기계공들이 영국에서 미국으로 지속적으로 떠나갔는데, 이는 같은 기간 동안 양국 간의 임금에서 벌어진 엄청난 격차의 결과다. 영국을 제외한 그 어떤 나라에게도 워싱턴이나 월 스트리트로부터 부채의 상환을 확보하기 위한 압력이 가해진 적이 없다. 그리고 그 결과, 대륙 국가들에게 받아야 할 금액을 징수하지 않고는 미국에 진 부채를 감당할 수 없게 된 런던은 주변국들로부터 신망을 잃게 되었다.

요약하면 1914년에 공개적으로 나타났다가 1918년에 일시적으로 좌절되었던 세계 지배를 향한 시도는, 단지 베를린에서 워싱턴과 뉴욕으로 장소를 옮겼을 뿐이다. 영국과 미국 간에 존재하는 명백히 개선된 관계는 세계 지배를 향한 새로운 시도에 대한 효과적인 저항이 당분간 불가능하다는 사실에 기인한다. 부과된 금융 및 재정 정책으로부터 (영국이) 이탈하려는 어떤 암시만 보여도, 뉴욕에서 신속하게 파운드 환율의 급락으로 이어진다. 그리고 오늘날 영미 관계에서 근근이 지탱되는 다소 모멸적인 친밀성이 영국의 정책이 그의 채권자들의 정책과 상반되게 나타나는 순간에는 가차 없는 혹독함으로 대체될 수 있고, 그렇게 대체될 것이라는 사실을 바로 그 신속성이 여실히 증명하고 있다.

독일 대중이 제1차 세계대전을 초래했던 정책에 대해 단지 수동적인 수단이었던 것처럼, 개인으로서의 미국인들은 어떤 유사한 계획에서도 개인적인 연루를 부인할 것이다. 만약 어떤 집단이 그 집단을 구성하고 있는 개인들의 신용을 통제하는 한, 부과된 집단 정책에 대한 효과적인 저항이 거의 불가능하다면, 개인에게 지대한 관심을 기울이는 것은 요점에서 벗어난 것이다. 현재 세계가 직면하고 있는 비상 상태에 효과적으로 대응할 수 있는 유일한 행동 방침은, 모든 국가의 개인들 대다수가 무력한 노예 상태로 놓여 있는 신용의 집단 통제를 무력화시키거나 해체하는 것이다. 그리고 미국 국민과 미국 정부 사이의 적대감은 월 스트리트와 워싱턴으로 상징되는 이해 당사자들 상호 간의 지원을 공격하는 것에서 구체화될 것이다.

3부

경제적 자유의 설계

SOCIAL
CREDIT

"유럽에서 한 시대가 저물고 있음을 우리는 알고 있다. 여기 미국에서는 다가오는 변화의 징후를 지나치기 쉽다. 그러나 나는 변화가 오리라 확신한다. 기아를 모면한 것 외에는 아무것도 이룬 게 없이 그저 노동만 하고 사는 목적 없는 삶, 그리고 고달프고 쳇바퀴 같은 불행한 운명이 예정되어 있는 아이들이 태어날 거라는 깨달음은 수백만의 마음을 사로잡았다."

— 오클랜드 게데스경(Sir Auckland Geddes)[26]

---

**26** 게데스경(1879~1954)은 제1차 세계대전 때 미국 대사를 지낸 영국의 정치가이자 외교관이다.

# 1장
개혁의 전략

어떤 메커니즘이나 프로젝트를 설계하려고 할 때, 우선 목적을 구체적으로 잘 정의하고, 그다음에는 그 목적을 이룰 수단과 그와 관련된 힘들의 본성, 그것을 다루는 방법과 가용한 재료, 그리고 그런 힘들에 대한 반작용에 관해 아는 것이 무엇보다 중요하다.

목적을 정하는 것은 정책의 영역이다. 수단을 정하는 것은 전문 기술의 영역이고, 그런 수단을 행하는 것은 테크닉이다. 일반 대중은 뒤의 두 가지와 아무런 관계가 없다. 따라서 불가피하지도 않은 상황에서 대중들에게 상세한 계획을 안건으로 제시하는 것은 잘못이다. A와 B 사이에 철도를 놓는 안건 따위를 대중들에게 제시하는 것은 건전한 절차다. 그러나 그들에게 건설에 필요한 공학적 세부 사항을 제시하는 것은 적절하지 않다.

오늘날 어떤 분명한 정책이 세상에 있으며, 그 정책이 겉으로 보기에 대립되는 원천들로부터 지지되고 있음을 앞에서 살펴보았다. 더 나은 용어가 없어서, 이 정책은 '도덕적' 또는 고전적 정책이라고 기술하겠다. 그 정책의 메커니즘은 상벌의 메커니즘이고, 그것은 결국 규제와 금지로 귀결된다.

이 정책을 관념적으로 규탄하는 것은 요점을 벗어난다. 그것이 자연스러운 태도지만, 실상 그것은 비판되는 시스템에는 별로 위험하지 않은 마음 자세다. 집중해야 하는 점은, 이 시스템이 인류가 현재 도달한 지점까지 오는 데 필요한 최선의 수단이었는가의 여부와 상관없이, 이 상태가 단지 관념적으로 참을 수 없을 뿐 아니라 오늘날 사람들이 실제로 참지 못할 정책으로부터 유발되었다는 사실이다. 대다수의 개인들이 참지 못할 정책은, 실질적인 관점에서 볼 때 나쁜 정책이다. 만약 오늘날 세상에는 사실상 이 정책만이 작동하고 있을 뿐이라고 반박한다면 "지금의 세상을 한번 보라"라고 짧게 답할 수 있다.

고전적 이상은 강요된 이상이고 권위적이다. 지금 그것에 대한 대안이 아무리 무력하게 보인다고 해도, 나는 강요된 **정책**이 합의된 **정책**으로 바뀔 때까지는 갈등과 고통이 있을 뿐이라고 믿는다.

고전적 정책의 집행관이라고 할 수 있는 사람들의 주된 목적은, 정책 그 자체에 대해 가능한 한 어떤 논의도 피하고, 대중의 관심을 그 실행 방법에 대한 무익한 언쟁으로 돌리는 것이다. 영국의 보수당은 관세를 통해 가격을 인상하려고 하고, 자유당은 과중한 상속세 부과와 보험제도를 통해 구매력을 낮추려고 한다. 노동당은 국유화 또는 자본과세를 통해 개인적인 진취성을 억누르려 한다. 자유롭고 계몽된 유권자에게 주어진 선택권은 목매달아 죽느냐, 끓는 기름에 타 죽느냐, 총에 맞아 죽느냐 중 하나일 뿐이다. 미국은 대중의 관심을 관세와 교역 금지에 붙잡아두기 위해 온갖 노력을 다하고 있다. 위기가 위기를 이어가는 반면, 저당권자는 훨씬 더 완강하게 토지를 움켜쥐고 있다.

이 세상에서 중요한 것은 행동이다. "옳은 것(Right)이 힘(Might) 보다 강하다"라는 구절이 유해한 난센스가 되지 않는 것은 결국 개인의 행동에 달려 있다. 그리고 만약 우리가 '옳다'고 부르는 어떤 것으로 개인의 행동에 영향을 미칠 수 있다면, '옳은 것'과 '힘' 은 결국 같은 편임을 알 수 있을 것이다.

이제 우리는 집단행동을 절대 이타주의에서 구하지 못한다. 이 타심은 군중이 아니라 개인에게서 가끔 보이는 성격이다. 영국이나 미국 또는 프랑스나 다른 어떤 나라들이 세계대전에 참여한 것과 같은 집단행동이 마치 이타적 동기에서 비롯된 것인 체하는 것은, 오늘날 세계에 넘쳐나는 선전의 음흉한 기운의 일부일 뿐이다. 사실이 그렇지 않다는 것은 억지로 강조할 필요도 없다. 그러나 집단행동에 이르게 했던 방법을 숙고해보는 것은 실질적으로 유용하다.

아무도 이타주의적인 국가를 비난하지 않으니까, 예를 들어서 영국이 한 국가로서 독일에 대해 전쟁을 선포하도록 유도한 이유를 일단 무시하자면, 전쟁 선포에 따른 첫 번째 결과는 정규군을 해외로 내보낸 명령이었다. 이 명령에 대한 복종에 어떤 이타심도 개입하지 않았다. 명령 불복종은 죽음으로 처벌되었을 것이다. 정규군을 징집했던 원래의 수단은, 흥미로운 경력과 함께 안정적인 경제적 미래를 제공하는 것이었다고 말할 수 있다.

정규군의 출발에 이어서 자원병이 모집되었다. 이 자원자들 가운데는 애국적 이상을 향한 위대한 헌신에 불타는 많은 사람들이 분명히 있었을 것이다. 그러나 이들이 결코 적은 소수가 아니었다고 말하면, 그것은 잘못되고 오해의 소지가 있는 것이다. 흥분되는 사건에 대한 호기심, 여론의 압박, 영예와 승진에 대한 희망, 침략의 공포, 그리고 결코 가장 작은 요인이라고 할 수 없는 매우 매력적인 경제적 조건의 제공, 이 모든 것들이 각자의 역할을 했다. 인구를 다양한 범주로 구분했던 더비 계획[1]은 다수를 일련의 소수 그룹들로 나누어서 순차적으로 징집한 주목할 만한 사례였다. 마

---

**1** 제1차 세계대전이 한창이던 1915년에 영국에서 에드워드 스탠리(Edward Stanley)에 의해 고안된 자원병 모집 정책으로 나이, 혼인 여부 등에 따라 여러 집단으로 자원자를 구분해서 '그룹 시스템'이라고도 불린다. 이 계획은 자원하기로 등록한 사람을 필요할 때만 소집하며, 결혼한 남자는 미혼이거나 독신인 남자가 모두 징집된 이후에 소집되는 혜택을 제공하기도 했다.

침내 이렇게 징집된 이들이 모두 패했을 때, 그 시점에서는 이미 무능력자들로만 그 수가 감소한 미징집자들은 냉엄한 처벌의 위협과 강제징집에 의해 그보다 기발한 방법으로 먼저 소집되었던 사람들과 합류하도록 강요되었다.

5천 파운드가 넘는 재산에 대해 자본과세를 하기 위해 1922년에 노동당이 제시한 법안은 이런 진행 방식과 정확하게 유사하다. 처음에는 소수자가 먼저 처벌당하지만 다수가 연이어서 일괄적으로 노예 상태가 되었다.[2]

세계 금융 및 법률 조직이 스스로를 완성하고 건고하게 자리매김한 신중함을 고찰한 결과, 여론을 조작하기 위해 온건한 수단과 능력이 더 이상 기능하지 않을 때는 가면을 던져버리고 가차 없이 냉혹하게 강요할 거라는 결말을 피하기가 어려울 듯싶다. 그것은 파업이 작은 군사적 충돌과 구별하기 어려운 미국 중서부 지역에서 이미 발생하고 있으며, 아주 똑같은 현상을 독일에서도 관찰할 수 있다. 이탈리아 파시스트의 '피마자 기름'[3] 방법도 유사한 것이

---

2 더비 시스템이 결과적으로 무능력자까지 모조리 징집했던 것처럼, 최초에는 5천 파운드를 초과하는 부유층의 재산만을 대상으로 이루어진 자본과세가 결과적으로는 모든 재산에 대해 확대 적용되었음을 의미한다.

3 이탈리아의 무솔리니 정권하에서 피마자 기름을 다량으로 먹이는 협박 수단으로, 스페인의 프랑코 정권에서도 처벌이나 고문의 수단으로 사용되었다.

었다. 우리의 단 하나뿐인 비행기 회사 이사회의 영국 정부 대표는 우연히도 은행가 기구의 회장이다. 의회 시스템을 통해 정치적인 개혁을 달성할 것이냐, 아니면 '직접 행동' 원칙의 어떤 변종만이 효과적인 변화를 가져오기 위한 유일한 길이냐 하는 물음 사이에 놓인 중대성을 생각할 때, 앞에서 열거하는 사실들 모두가 매우 중요하다. 국가의 힘을 자본과세나 광산의 국유화를 강요하는데 모두 쏟을 것이 틀림없다. 그 힘이 은행 권력과 신용 제도가 작동하는 방식을 수정하도록 강제할 수 있을까? 1917~1918년 동안 가격 시스템에 개입하기 위한 아주 온건한 노력들에서 얻은 하찮은 결과는 이를 의심케 한다.

그러나 투표를 통해 표현되는 대로 사람들의 의지가 관철될 것이라는 위안 어린 가정을 잠시 상정해본다면, 선거의 주요 안건을 작성하는 정치적 이익집단의 힘을 물리치는 것이 즉각적인 목적임이 분명하다. 이 목적을 달성하기만 한다면, 그 수단은 중요하지 않다. 만약 선거인의 50% 미만이 제시된 안건에 대해 투표한다면, 선거의 무효화는 어떤 다른 것보다 좋은 수단일 것이다. 그러나 그와 같이 절차상에 내재된 숨은 정부에 대한 어떤 위험이 인지된다면, 틀림없이 투표 거부 행위를 형사상의 범죄로 만드는 법률 제안이 이루어질 것이다.

그러면 정책의 주요 질문들에 대해 직접 투표를 할 수 있도록 하는 것이 필요하다. 여기엔 대처할 수 없는 장애물이 있을 것 같지 않다. "당신은 고용을 원하십니까, 재화를 원하십니까?" 같은 문제에 대해 선거를 치르지 않을 근본적인 이유는 없을 것이다. 그러나 이 지점으로부터 더 이상의 진행은 어려워 보인다. 위원회 구성원을 임명하는 권한, 간략히 말해 임용 권한은 소중히 보호받는 자산이다. 일련의 선거가 끊임없이 이루어지지 않는 한, 권한 위임자와 위임 사항 양쪽 모두에 대해 공격받는 이해 당사자들에 의해 행사될 것이 확실한 그런 분명하고 조직화된 방해와 대중적 관심의 호도를 어떻게 효과적으로 견제할 수 있겠는가.

이렇게 상황을 표면적으로만 살펴보아도, 관련된 이슈들을 처리해줄 중개자로서 의회 기구의 부적합성을 지적하기에 충분하다. 따라서 개인들이 지닌 행동의 활력으로 돌아가보자. 현재의 경제 사회 시스템에 이해관계가 불가분하게 연결되어 있는 소수의 개인들이 틀림없이 있다. 시스템에 대한 그들의 애착의 본질은 그 시스템이 그들을, 종종 숨겨져 있지만, 막대한 권력의 지위에 위치시킨다는 사실이다. 그리고 어떤 물질적 보상보다 훨씬 더 큰 이 권력이 그들의 관심 대상이다. 이러한 개인들은 **불가항력**이 아닌 어떤 주장도 쉽게 따르지 않는다.

이제 금권력이 이 작은 소수에 의해 행사되는 최대의 권력이라는 것은 이론의 여지가 없다. 그들이 소중히 아끼는 권력인 상벌의 권력은, 세상 사람들의 대부분이 화폐를 원하며 궁극적으로 금융 시스템의 집행을 통제하는 사람들의 묵인 없이는 대부분의 사람들이 그것을 구할 수 없다는 사실에 거의 전적으로 기인한다. 이런 금권력에 의해, 이 작은 소수가 다수의 지지를 획득할 수 있으며, 그것으로 권력의 결정권을 보유한다.

따라서 상황을 전체적으로 보면, 조만간 이런 금권력의 독점은 공격받아야 하지만, 이미 설명한 이유들로 인해 현재 공격받고 있지 않다. 과세는 이를 공격하기는커녕 그 힘을 엄청나게 강화하고 통합한다. 그것이 공격받고, 또한 성공적으로 공격받기까지, 금권력은 다양하게 위장한 뇌물을 통해 언제나 다수의 지지를 확보할 수 있을 것이다. 이 다수의 도움에 의해 그가 '옳으냐' 그르냐에 전혀 상관없이 금권력은 적대적인 소수를 물리칠 수 있다. 그리고 옳은 것이 힘이라는 사실을 소수가 책임지는 유일한 방법은, 사실상 집단행동을 하게 만드는 유인책을 확보하는 것이다. 이것이 의미하는 바는 다음과 같다. 만약 우리가 금권력을 집단 조직에 집중시키려는 오늘날의 경향에 반대해 그것을 모든 개인들에게 배분하는 일을 경제적 자유의 첫째 목적으로 삼는다면, 이 경우에는 수단과 결과가 동일하다는 다소 상투적인 결론으로 인도된다. 금권력은 오로지 금권력을 통해서만 이길 수 있다.

## 2장
### 건전한 화폐

만약 산업 시스템에 대해 우리의 생각을 모호하게 만드는 과도한 상념들을 마음속에서 씻어내면, 한 가지 사실이 명백하게 드러날 것이다. 대다수 사람들의 협력을 얻어낼 수 있는 주된 유인책은 '생계를 꾸려나갈' 필요성을 통해서다. 다시 말해서, 다수를 서슴없이 묵묵히 따르게 하는 산업 시스템의 첫째 정책은 문제를 최소화시키면서 그들이 요구하는 재화 및 서비스를 모두에게 제공하는 것이다. 오늘날 산업 시스템이 이를 행하고 있지 않다는 사실은 자명할 뿐만 아니라, 심지어 그것이 목표라고 공개적으로 주장하지조차 않는다. 하나의 시스템은 그것이 모두를 위한 완전고용을 제공하는 데 실패할 때만 비로소 비판할 수 있다고 생각할 정도다.

일반적으로 수용되는 민주주의의 수단들이 상황에 따라 선택 가능하다면, 다수가 해야 할 가장 중요한 첫째 과업은 이 문제에 대해 투표하는 것임이 틀림없다. 그리고 다수의 최선의 이익을 위해 성실하게 봉사하도록 다수로부터 권한을 위임받은 어떤 집행관의 첫째 과업도 다수의 욕구를 실제로 구현할 수 있는 수단을 고안하는 것이다.

이 시점에서 한편으로는 정치적 다수의 속성과 경제적 소비자의 속성이, 또 다른 한편으로는 정치적 소수의 속성과 경제적 생산자의 속성이 지닌 유사성을 인식해야 한다. 정책의 영역에 속하는 사안에 대해서는 정치적 다수가 옳다고 예상되지만, 그 정책을 실현할 방법에 대해서는 아마도 옳지 않을 것이다. 이와는 반대로 산업 기술자('지적인 소수')는 주어진 생산 프로그램에 적용될 기술을 결정하는 데 올바른 적임자임이 틀림없지만, 그가 민감한 이해관계를 갖는 생산 프로세스의 목적에 관해서는 왜곡된 견해를 가지기 쉽다. 그리고 소비자는 대개 결과에만 관심을 가지기 때문에 그런 유사성은 소비자('다수')와 생산 프로그램 사이의 적절한 관계에 대해서도 충분히 확장될 수 있다.

이런 관계들은 결코 이론적이지 않고 오히려 너무 자동적이고 고유한 것이어서, 오늘날 세상에 분명하게 존재한다는 것을 깨닫는 것 또한 필수적이다. 노동자들의 산업 지배라는 것에 대해 세계 전역에서 쇄도했던 모든 선동에도 불구하고, 세상의 순리에 어긋나기 때문에 그런 일은 결코 실제로 작동해본 적이 없었다.

금융은 생산 프로그램을 감독하고, 또 언제나 감독해왔다. 금융은 신용의 기술이며, 신용의 원천은 (비록 신용 전체의 기초는 아니라 해도) 소비자여야 한다. '노동자 위원회', 소비에트, 기타 등등은 그 업무가 정통 은행의 업무보다 하위에 있는 조악한 신용 분배 조직들이다. 유효수요를 제외하고는 산업 시스템으로부터 온갖 요소를 제거하는 것이 가능하다. 그래도 (나무뿌리를 캐고 열매를 따러 나무에 오르기까지) 그 유형에 있어서 아무리 원시적이라 해도 어떤 종류의 산업 시스템인가는 남을 것이다. 그러나 욕구와 필요나 소비하는 능력에 대한 믿음을 빼앗아버리면, 한 톨의 씨앗도 심지 않고 어떤 도구도 손에 들지 않을 것이다. 오늘날의 문명이 회복할 수 없는 파국에 직면하고 있는 것은 기술적 능력이 부족해서가 아니라 유효수요가 부족하기 때문이다.

따라서 '산업 목표'가 독단적으로 이론화될 여지는 없다. 산업에 대해서는 목표가 잘못된 것이 아니라 목표를 달성하지 못하는 것이 문제다. 게다가 개인이 원래 자신의 것이었던 신용으로부터 단절되고, 결과적으로 소비자로서 제대로 기능하지 못하게 되는 아주 단순한 이유로 인해 달성하지 못한다. 어떤 종류의 경제사회일지라도 그것이 작동되는 데 전제가 되는 자연적인 관계들을 인식할 필요가 있다. 만약 우리가 이런 관계들을 수긍하고 거기에 따라서 올바른 준비를 한다면, 우리는 경제라는 기계를 작동하는 데 필요한 힘들에 따라서만 작동하도록 고안된 장치를 갖게 될 것이다. 그리고 그 결과로 부드러움과 효율성을 얻을 것이다. 만약 우리가 이런 힘들을 인식하기를 거부하고 그것들이 사실과 반대되는 지향을 가진 체하거나, 그들 본성의 변화('마음의 변화')를 떠들어 댄다면, 우리는 대충 대서양 정기 여객선을 운전하기 위해 쟁기를 쓸 때만큼이나 성공적일 수 없는 경제적 장치를 갖게 될 것이다. 우리는 열역학의 원칙을 수용하기 거부하면서, 증기기관을 개선하려고 노력하기보다는 증기의 특성을 변화시키고자 애쓰고 있는 자칭 기술자의 처지에 있는 것이다.

이런 원칙들에 상응하는 금융 관계들은 근본적으로 단순하다. 재화 및 서비스에 대한 공동체 전체의 수요에 기반하고 있는 신용 권력은 노동당의 "육체 노동자와 지식 노동자들을 포함시켜라"라는 문구에 적힌 대로 훈련된 기술자에 의해서만 상세하고 효과적으로 감독될 수 있다. 그러나 소유권과 금융이 본질적으로 분리될 수 없는 것처럼, 생산에서 기술자의 영역을 강조하더라도 그의 **생산물**이 자신에게 귀속되지 않고 자신의 금융 에너지를 끌어내는 공동체에 귀속된다는 것은 마찬가지로 확실하다. 공중을 구성하는 개개인들 앞에 가능하게 여겨지는 성과물을 가져다 놓는 것은 과학자, 설계사, 그리고 발명가의 일이다. 그런 성과물을 얼마나 많이, 어떤 우선순위로 내는 것이 바람직한가를 말해주는 것은 공중의 몫이다. 그리고 그 결정에 따라서 행동하고, 생산자와 발명가도 함께 그 일부를 이루는 공중, 즉 소비자에게 그 생산물을 건네주는 것은, 일반적 의미에서 생산자의 몫이다. 우연이거나 혹은 설계가 크게 중요하지 않거나 간에, 개인과 생산자를 연결시키는 주문 시스템이 기능하지 않는다는 결정적인 예외를 제외하면, 그것이 현재 실제로 벌어지고 있는 일이다.

익숙한 형태로 그런 관계들의 묶음이 구현된 것을 보여줄 수 있는 한 가지 방법은, 이를테면 영국 주식회사를 구상하는 것이다. 자연적으로 태어난 거주자 전체가, 떼어낼 수도 없고 매각할 수도 없는, 보통주를 소유한 주주로서 그 생산능력에 관심을 갖고, 그 보통주가 '생산' 인구를 유지하기 위해 요구되는 것을 초과하는 생산물 전체를 전부 구매할 배당금을 가져다주며, 그 자본적 가치(배당금을 버는 능력)로서의 평가 금액이 그 공동체의 실제 신용 평가 금액과 직접 함수관계를 맺는 방식으로 조직된 나라를 상상한다면, 우리는 아주 상세하지는 않지만 위에서 개괄한 관계들의 모델을 갖는 것이다. 그런 상황하에서 모든 개인은 세대에서 세대로 이어져 내려오는 문화적 유산의 혜택을 받는 '종신 임차인'으로서 자신의 지위를 반영하는 구매력을 소유할 것이다. 모든 개인은 그 유산에 결정적인 이해관계를 가지며, 그의 명백한 이해관계는 그것을 보존하고 개선시키고자 할 것이다. 이와 동시에 그는 또한 '생산자'가 될 것이며, 비록 그가 주주로서 받은 배당금과 비교해서 노임 형태의 금전적 인센티브가 적더라도, 이 두 형태의 유효 수요 사이의 관계는 현재 마련한 직업으로부터 유연한 이직 수단을 제공할 것이다. 그런 관계들의 묶음은 그 권리가 '소비자'의 권리인 한, 통상적으로 재산권이라고 불리는 것을 침해하지 않는다. 그것은 각 개인들이 자신의 개인적 견해로 인해 발생하는 경제적 제재를 면하게 해주고, 그래서 전제정치에 대해 유일하게 효과적인 방어막을 형성해준다. 그리고 그것은 협력적 생산이라는 근저에 깔려 있는 사실들을 가장 미천한 지성으로도 보고 파악할 수 있게 환히 밝혀준다. 그런 구상하에서 노임과 봉급은 단지 미래 생산을 담보로 한 신용공여이며, 생산에 투입된 **인간** 에너지를 측정하는 수단이다. 노임과 봉급이 주어진 기간 동안의 생산액에서 차감되어야 하는 해당 기간 중 재화의 소비를 나타낸다고 가정하면, 이 신용공여는 국가 자산을 노임과 봉급의 합계액만큼 감가상각시키면 상쇄된다. 동일한 기간 동안에 공표된 배당은 해당 기간 동안 실제 소비와 실제 생산(실제의 생산과 생산능력 모두) 사이의 차이를 배분한 것을 나타낸다.[4]

이런 추리의 경로를 따라가면, 근대 세계에서 작동할 수 있는 금융 시스템은 교환 시스템이라기 보다는 회계와 주문 시스템의 성

---

[4] 178쪽의 5번 각주를 참조.

질을 지니고 있음을 어렵지 않게 알 수 있다.

각자가 밭을 갈고 씨 뿌리고 수확을 거두었을 때, 그가 생산한 것이 자신이 보기에 적합한 다른 생산품을 위해 쓰거나 교환할 수 있는 자기 소유물이라는 것은 윤리적으로나 실질적으로나 합리적인 주장이다. 이런 교환 과정에서 주화의 사용은 명백한 발전이었다. '금전상의'(pecuniary, 라틴어에서 pecus는 소떼를 의미)라는 단어는 틀림없이 암소나 말을 지칭하기 위해 가죽 원반을 사용하던 관행에서 유래한다. 동물의 소유자는 상응하는 배려에 대한 대가로 그 원반을 주고, 그 원반의 소지자는 편리한 시점에 그것을 제시하고 그 재산을 인도받았다. 이와 연관하여 다음 사항을 깨닫는 것이 중요하다. (a) 소떼의 소유자와 화폐의 발행자는 동일한 개인이었다. (b) 그 시스템이 사용되었던 수준에서, 재화의 생산과 화폐단위의 생산이 보조를 맞추어야 한다는 것이 명백한 의도였다. 즉 실제 재산의 단위는 등가의 화폐단위에 의해 표현되어야 하며, 실제 재산 단위의 파괴(즉 그 원래 소유자에게로의 최종적인 인도)는 결과적으로 등가의 화폐단위의 취소 내지는 새로운 소유자에 의한 재발행을 가져온다.

이런 성격의 단순한 화폐 시스템이 재산의 숫자나 다양성에서 제한된 전원 공동체에서는 매우 편리할 것임을 쉽게 상상할 수 있다. 그러나 그 시스템이 훨씬 더 복잡한 문명에 대응하기 위해서 확장되고 수정됨에 따라 (위조화폐나 인플레이션 같은) 남용이 증가할 것이다. 이런 남용은 자연스럽게 이 문제를 다룰 전문가들을 만들어내고, 동시에 초보적인 은행과 신용 시스템의 대략적 윤곽이 분명히 드러나게 된다. 화폐 발행 권한이 재산의 소유자 자신으로부터 그를 위해 행동한다고들 말하는 일군의 전문가들에게로 양도된 것은 쉬운 한 걸음이었다.

이제 1부 5장에서 강조되었듯이, 근대 세계에서 그 무엇보다 중요한 요소는, 그것의 도움으로 점점 감소하는 소량의 인간 노동으로 실질적으로는 무한한 양의 부를 생산할 수 있게 해주는 문화적 유산이다. 화폐가 근본적으로 의존하는 구상의 필요에 따라서 금융 시스템이 작동하기 위해서는 다음 사항들이 필요하다.

이 재산과 등가의 화폐가 재산 소유자로부터 나와서 그에게 귀속될 것이다. 그 화폐는 이 재산이 증가함에 따라서만 증가하고, 감소함에 따라서만 감소한다. 한 단위의 재산과 그것을 표현하는 화폐단위 사이에 확립된 관계는 유지될 것이다.

부는 토지와 노동과 자본이라는 3가지 요소들의 상호작용으로부터 생긴다는 고전적 경제학자의 원래 구상은, 근대 세계의 생산 과정에서 무형의 요소들이 차지해온 우월한 중요성을 고려하지 않았고, 사실상 고려할 필요도 없었던 유물론적 구상이었다. 문화적 유산, 그리고 '연관성의 무상 증가'라고 불리는 것이 아마도 이 무형의 요소들을 망라할 것이다. 그리고 그것들은 부의 생산에서 주요한 요소일 뿐 아니라, 그 중요성이 너무 빨리 증가해서 다른 요소들을 상대적으로 하찮게 만드는 요소다. 이런 보이지 않는 요소들이 종신 임차인으로서 살고 있는 공동체 구성원들에게 구분 없이 귀속된다는 것은, 실질적이고 윤리적으로 부인할 수 없다. 윤리적으로는 과거 세대의 과학자, 조직가, 관리자들의 노동의 유산이기 때문이며, 실질적으로는 공동체적 속성을 부인하면 오늘날처럼 그 속성의 파괴를 위협하는 분열적인 힘들을 촉발시키기 때문이다. 만약 이런 관점이 인정되고, 그리고 편견 없는 관점에서 그 사안을 생각하는 누구라도 그것을 부인하지 않는다면, 생산에서 그렇게 중요한 요소인 이 재산과 등가의 화폐는 그것의 종신 임차인인 개인들에게 귀속되고 거기서 나와야 한다.

그에 따른 순증가가 있다는 것은 합리적으로 의문의 여지가 없다. 모든 과학적 발명과 발견은 그 자체로서 실제 자산을 구성하고, 본질적으로 문명의 자산을 늘릴 뿐 아니라 다른 자산들에 대해서도 자동적으로 그들의 가치를 증가시키는 방식으로 반응한다. 이는 마치 전화 교환소에 새로운 가입자의 추가가 자동적으로 기존 가입자들에게 통신할 수 있는 추가적인 회선을 제공함으로써 그들에 대한 전화 시스템의 가치를 증가시키는 것과 마찬가지다. 이 요소는 아마도 문명의 어떤 물질적인 자산들보다 부의 축적을 위해 훨씬 더 실제적이고 성장하는 기초가 될 것이다. 여기에 상반되는 것은 소비재를 포함한 물질적 자산의 감가상각과 진부화뿐이며, 모든 것을 감안할 때 해마다 부의 가치 증가가 감가상각을 크게 초과한다는 것은 분명하다.

가격이 우선 원가와 연동되고 원가와 가격이 계산되는 단위 가치가 생산과 소비 사이의 변화율에 일관되게 연동된다면, 발행된 화폐와 그에 상응하는 재화와의 관계는 완벽하게 유지된다. 하지만 이것은 안정된 화폐를 생산하기 위한 어떤 도구로도 (비록 가능하다고는 할지라도) 만족스럽게 달성되지 않는다. 안정된 한 화폐단위는 어쨌거나 매우 비현실적으로 보이는 규모로 과거 가치를 조정해야 함을 의미하기 때문이다. 그러나 만약 우리가 설비나 기계나 다른 실물 자산에 적용되는 회계상의 숫자를 변화시키지 않고, 진정한 회계의 단위는 $\frac{소비}{생산}$의 비율로부터 나온다는 근본적인 전제에 따라 계산되는 단위들로 나타내는 구매력을 변화시키면, 우리 생산물의 가치 전체는 하루하루 변화함에 따라 실제에 맞춰 자동적으로 조정된다.[5]

---

**5** 더글러스는 이 책에서 소비의 부족분만큼 화폐를 발행해서 충당하고, 화폐 발행에

이는 아마도 다음의 수학적 형태로 표현될 것이다.


Y 를 임의의 단위로 놓고 $t$ = 시간으로 놓으면,

어떤 시점에서의 총생산은 $P = f(y, t)$ 이고,

어떤 시점에서의 총소비는 $C = ø(y^l, t)$ 이다.

시간에 대한 P와 C의 변화율은

$$\frac{dP}{dt} = f(y, t) \text{ 그리고 } \frac{dC}{dt} = ø(y^l, t).$$

가격은 $\frac{dC}{dP}$ 로 변화한다. 이것은 순간적인 값이다. 기간에 대한 평균값을 구할 수 있고, 그때 가격 인수는 다음과 같다.

$$\frac{\int_{T_1}^{T_2} \frac{dC}{dt} \, dt}{\int_{T_1}^{T_2} \frac{dP}{dt} \, dt}$$

즉 가격 인수는 = $\dfrac{\text{선택된 기간 동안의 평균 소비 증가율}}{\text{선택된 기간 동안의 평균 생산 증가율}}$


이런 성격의 가격 인수의 실제적인 적용에는 아무런 어려움이 내포되지 않으며, 사실상 다양한 형태로 오늘날 기업에 아주 흔하게 적용되고 있는 일이라는 사실이 강조되어야 한다. 기업과 기업

---

의한 화폐가치 하락(물가상승)은 제품 가격을 그 인상 요인에 해당하는 만큼 할인
해서 억제시킨다는, 매우 단순화된 경제모형을 가정해서 논리를 전개하고 있다.

의 사이뿐만 아니라 같은 기업의 한 부서와 다른 부서 사이에서도 서로 다르게, 모든 기업에서 고유하게 채용하고 있는 복잡한 할인 시스템과 비교해서, 일반 물가수준을 낮추기 위해 사용되는 단일한 가격 인수의 적용은 가장 기초적이고 단순한 과제다. 이 책의 부록으로 무엇보다 스코틀랜드에 적용하기 위해 의도된 모델로서의 계획이 첨부되어 있다. 그리고 그 안에 이 이론으로부터 명백하게 나오지 않은 많은 생각들이 포함되어 있는 것을 볼 수 있다. 그러나 생각해보면, 앞에서 설명된 일반 원칙들이 그 제안의 근저에 있는 생각의 기초를 형성한다는 것을 아마도 깨달을 것이다.

# 3장
## 결정적 순간

우리가 논의해온 것처럼 그렇게 멀리 미치는 변화가 발생하는 방식에는 두 가지 가정이 있다. 하나는 진화적 방식이고, 다른 하나는 혁명적 방식이다. 나로서는 이 두 가지 조합의 가능성을 믿고 싶다.

오늘날 현존하는 상황에서 눈에 띄는 사실은 세계가 불안정하다는 것이다. 삶에 대한 전망을 단지 자기가 사는 마을의 범위까지만 확장해봐도, 누구나 변화가 오고 있을 뿐 아니라 진행 중이라는 것을 분명히 알 수 있다. 그리고 오늘날 세계의 모든 국가들에서 활약 중인 세력들에 대한 약간의 포괄적인 통찰만으로도, 현재 진행 중인 변화는 우리가 어떤 한계를 설정할 수 없는 극한까지 진행될 것임을 깨달을 수 있다.

말하자면 현재 금융 및 사회 시스템의 붕괴는 확실하다. 아무것도 그것을 막지 못할 것이다. "다시 1914년으로"는 순진한 꿈일 따름이다. 해결되지 않은 고용 문제와 더불어 현재 규모의 과세를 지속하는 것은 터무니없다. 이와 관련해서 유일한 이슈는, 붕괴하기까지 소요되는 시간과 붕괴가 진행되는 동안 우리가 감수해야만 하는 시련이다. 그러나 이를 인식하는 반면, 변화는 진화이며 진화는 향상이라는 다위니즘에서 생겨난 오류에 빠지지 않는 것 또한 필요하다. 그럴 수도 있고, 마찬가지로 그렇지 않을 수도 있다. 혁명적이라는 단어를 건설적인 의미로 사용하자면, 그것은 혁명적인 요소에 대한 필요성이 생겨나는 지점이다.

아마도 현 세대가 살아 있는 동안에 파괴의 맹목적인 힘들이 발흥하는 시기가 충분히 올 것이다. 그래야만 할 필요는 없어 보이지만, 아마도 그렇게 될 것 같다.

커져가는 사회적 불안과 원한(주로 사회주의와 공산주의의 조잡함 아래에서 정돈된)을 사회의 재건을 위한 건설적인 노력으로 변화시킬 수 있는 힘과 지식과 의지를 동시에 갖고 있는 당이나 집단 또는 개인은 현재 존재하지 않는다. 상황이 이렇다면, 우리는 진정한 진취성을 가질 능력도 없고 혹은 바라지도 않는, 사회의 소위 보수파 측에서의 일련의 뒤로 물러서는 행동들을 단지 목격할 따름이다. 그리고 그 과정은 모든 물러서는 행동들처럼, 공격받는 측의 성공적이라 할 수 없는 계속적인 후퇴를 초래할 수 있을 뿐이다. 이런 과정만이 홀로 진행되는 한편, 낙관론을 정당화시킬 명분은 없는 듯하다. 전 세계가 너무 분별력을 상실하고 있어서, 전면적인 파국을 최종적으로 감수하기까지 성찰을 위한 정지 상태가 희망을 가질 만큼 아주 길다고 믿기도 어렵다.

그런 정지 상태가 발생하면, 인류는 이전에도 종종 마주했던 그런 위기들 중 하나에 도달하게 될 것이다. 인류는 이제까지 위기 때마다 새로운 문명이 느리고 고통스럽게 일어섰던 야만의 시대로 다시 추락하는 것을 피하지 못했다.

자리는 그 중요성을 무시할 수 없다. 우리가 만든 강력한 경제 사회적 기계를 우리가 지배할 것인가 아니면 그것이 우리를 지배할 것인가는, 아마도 비교적 짧은 시간 안에 정해질 것이다. 그리고 그 기간 동안 무엇을 어떻게 해야 할지 아는 사람들의 모임에서 나온 작은 추동력이 암흑의 시대로 한 번 더 후퇴하느냐, 아니면 우리가 오늘날 희미하게 상상만 할 수 있는 그런 화려한 대낮의 충만한 빛 속으로 들어가느냐의 차이를 만들 것이다.

오늘날 심각성을 파악하고 있는 소수가 지녀야 할 마음가짐은, 결정적인 순간을 인지하고 그 순간에 때맞춰 적절한 행동을 수행할 필요성이다. 해결사 역할을 하기를 희망하는 사람들한테는 그 문제의 근저를 이루고 있는 원칙들을 확실하게 이해하는 것이 필수적이다. 그 상황에 대처하기 위한 기본 계획을 마치 그것이 존재하는 것처럼 마련하는 것 또한 바람직하다. 그러나 채택이 확정되기 전에 시효가 지난 듯한 상투적인 조처들을 미숙하게 발표하는 것은, 성공에 있어서 가장 치명적이다. 오늘날 세계가 그렇게 구성되어 있듯이, 효과적인 행동은 힘의 어떤 중심들을 통해서만 가능하다. 말하자면 새로운 세상의 예비 단계로서 완전한 사회적 무정부 상태가 오지 않는 한, 우리가 매우 익숙한 시스템 속에서 마련된 준비들을 통해서 행동할 필요가 있다.

진화적인 과정은 현재 문명이 작동하고 있는 공식에 의존하고 있고, 그 공식에 따르면 그것은 인간의 심리와는 독립적이다. 반면 '건설적인 혁명'의 유효성은 상당 부분 이 후자의 요인에만 의존하는 것이 명백하다. 달리 말하자면, 비록 우리 자신이나 우리가 접촉할 상대 측의 어떤 힘겨운 노력 없이 급류를 타고 내려가거나 폭포를 지나칠 수 있다 할지라도, 그러한 불편한 여행을 피할 수 있는 가능성은, 만약 가능성이 남아 있다면, 단호한 행동을 요구한다. 그리고 만약 깊고 커다란 폭포를 지나야 한다면, 건너편에 있는 잔잔한 호수에 안전하게 도착하는 것은 확실히 어떤 전문적인 항해에 달려 있다. 만약 현재의 부담스러운 세금이 물가 상승의 시대로까지 이어진다면, 우리는 오래 기다릴 수 없을 것이다.

도움이 된다고 혹은 그 반대로도 인식할 수 있는 어떤 요소가 인간의 심리 속에서 작동한다. 뉴욕 방문 중에 "구세군은 뉴욕의 가장 좋은 친구입니다"라는 문장을 새긴 광고판을 몸에 걸치고 모금 상자를 든 많은 수의 열정적인 사람들을 월가와 그 주변의 금융가에서 본 적이 있다.[6] 뉴욕을 언급하는 것이 통상 고정자본, 혹은 더 낮게는 유동자본에 대한 존경심을 표시하기 위해서임은 설명할 필요조차 없을 것이다. 말하자면 더 좋고 깨끗한 세상의 가장 위험한 적이 (그 천국이 신학적이든 도덕적이든 간에) 앞날이 약속된 천국의 아름다움과 전적으로 관련되어 있는 감상적 정신이라는 것은 진실이다. 방금 언급했던 구세군의 수장이 최근에 '실업수당'에 대한 무절제한 공격을 통해 이런 이야기를 자세히 설명한 바 있다. 그의 반대 논리는 당연히 그것이 수반하고 있는 금융 사기가 아니라 수혜자의 '도덕적 해이'에 기초하고 있다. 이는 마치 청교도들이 개들로 하여금 사슬에 묶인 곰을 공격하게 하는 대중적인 볼거리를, 곰에게 너무 잔인하기 때문이 아니라 서민들에게 기쁨을 주기 때문에 폐지했던 것과 완전히 유사한 태도다.[7] 이

---

**6** 원문에서는 뉴욕이 아니라 Father Knickerbocker로 적혀 있다. '니커보우커 신부'는 원래 네덜란드계 뉴욕 이주민의 원조를 지칭하는데, 만화에서 뉴욕을 상징하는 인물로 그려지면서 지금은 뉴욕을 의미하는 단어로 쓰인다. 따라서 여기서는 그냥 뉴욕으로 표기했다.

**7** 원문에서 '곰 사냥'(bear baiting)이라고 표기된 놀이는 16세기부터 19세기까지 영국에서 인기가 있었던 유혈 대중 게임이었다. 관중석으로 둘러싸인 원형 울타리 안에 곰을 사슬에 묶어놓고 여러 마리의 사냥개를 풀어서 공격하게 하는 잔인한 구경거리였다.

런 청교도주의의 실천의 결과는 항상 부정적이다. 간략히 말하자면 거기에는 현 상황에서 엄청난 존경을 받을 수 있는 어떤 정서가 있다. 그러나 그것은 1,900년 전 위대한 개혁자였던 예수가 가장 신랄하게 비판했던 형식주의와 어렵지 않게 동일시될 수 있는 정서다. 그리고 그런 정서가 발견되는 곳 어디서나 유효한 도움이 되리란 전망은 밝지 않다.

다시 말하건대 '성공한' 사람들의 호응을 얻기는 거의 어려울 것이다. 대체로 가장 유망한 종류의 마음은 금융적 갈망으로부터 항상 자유로웠지만, 동시에 근대 세계의 기술과도 익숙한 마음이다. 혹은 다른 한편으로 육체 노동이든 지식 노동이든 간에, 진정으로 과학적 기질을 지닌 사람들이 실질적으로 포함되어 있는 부류에 속하면서도 예술적인 진취성을 지닌 노동자다. 불행히도 이 후자의 계급은 효과적인 압력을 행사하기에 사회의 모든 부류들 중에서 기질상으로나 조직상으로 가장 준비가 덜 되어 있다.

그러나 대부분의 사람들은 복합적인 성격을 지니고 있기 때문에, 만약 올바른 방식으로 이루어진다면 많은 대중을 향해 효과적인 호소가 가능할 것이다. 대부분의 사람들에게 올바르게 호소하는 방법은 우리가 생각해온 문제들의 일반적인 타당성에 관한 어떤 논의에 대해서도 격렬하게 반대하는 것이다. 또한 가능한 한 "당신의 사업이나 개인적인 경제적 삶을 영위하는 데 우리가 제시한 것과 같은 조건이 당신에게 주어진다고 가정해보라. 당신은 그런 조건을 받아들이겠는가?"라는 식으로 호소하는 것이라는 게 내 의견이다.

대다수의 사람들에게는 (틀림없이 일반적으로 교육이라고 부르는 집단 최면의 결과로서) 그들의 개인적인 삶이 거기서부터 탈출하고자 끊임없이 노력해온 사회적 이상을 지지하는 경향이 있다. 말하자면 그들의 사회적 이상과 그들의 사회적 활동은 아무런 상관관계가 없다. 이것은 마치 보통 사람이 일요일에 가끔씩 교회에 가면서 갖는 천국으로의 즉각적인 이행에 대한 열망이, 그가 주중에 일을 하면서 갖는 어떤 희망이나 감기 증세 때문에 생긴 심한 두통에 대해 근심하는 것과 아무 관계가 없는 것과 같다. 만약 그가 그의 개인적인 취미와 그 취미를 즐길 수 있는 수단을 어느 정도 확고하게 갖추고 있다면, 그는 이성에 수긍할 수 있다. 사회적 이상에 관해서는 놓아두자. 우리는 통상 구세군의 신학과 동등한 가치를 지닌 무언가를 갖고 있는데, 그것은 주어진 전제들과 연관해서는 분명한 쓰임새가 있지만, 새로운 방향의 목표를 찾기 위한 원천으로서는 희망적이지 않고 사실상 종종 지독한 장애물이 되는 것이다.

개혁에 대한 제안을 변함없이 굳건하게 지지하는 것이 세상에서 일어나는 사건들에 대해 최상의 가치가 있음은 강조할 필요조차 없다. 사실상 불만의 초점인 금융 시스템에 대한 분석과 논리적인 개선책 간의 관계를 충분히 넓은 지역에 걸쳐 역점을 주어서 명백하게 밝힐 수 있을 때, 인간이 역사 이래 자신을 괴롭혀서 추락시킨 힘들에 대항하여 이루어낸 가장 위대한 승리를 위한 무대가 마련될 것이다.

| The End |

# 부록

- 스코트랜드를 위한 사회신용 계획 초안
- 클리포드 H. 더글러스의 다른 저서들
- 『녹색평론』에서 찾아볼 수 있는 기본소득과 사회신용에 관한 글들

SOCIAL
CREDIT

# 스코틀랜드를 위한 사회신용 계획 초안

[1] 기업의 회계장부, 토지등록사무소, 보험회사 등과 같은 현존하는 원천으로부터 토지, 도로, 교량, 철도, 운하, 건물, 하수도와 상수도망, 광물, 반제품 등과 같은 스코틀랜드의 자본 자산 전체에 대해 금전적 가치를 평가하기 위해 필요한 정보들을 구하라. 공공재산과 사유재산 간에 구분은 필요치 않다. 해당 재산이 사용 중인 경우에는 대체 비용을 쓸 수 있다.

여기에 현재 상업적으로 자본화된 주민의 가치를 나타내는 금액을 더하라. 그 수치는 보험 계리사가 산정한 기대 수명이나 국가의 설비 용량 등에 따라서 변화하며, 예를 들어 25세의 미국 시민이라면 약 1만 파운드의 가치로 보는 것과 같다. 그렇게 해서 얻어진 총계로부터 스코틀랜드의 자본계정의 가치를 보여주는 숫자를 구할 수 있다. 스코틀랜드 국민에 의해 권한을 위임받은 스코틀랜드 재무성 같은 중개인에 의해 어떤 등가의 금융 신용도 창출될 수 있다.

[2] 이 계획의 개시 시점으로부터 지주회사나 수임 기관의 어떤 주식이나 지분, 채권의 보유도 인정되지 않을 것이다. 그것은 산업 프로젝트에서의 모든 지분 보유는 액면가가 없는 주식의 지분 형태, 즉 우선주나 보통주여야 한다는 것이 그 의도다. 채권화된 부채는 개인이 보유하고 있는 경우에는 적절한 조사를 거쳐 보상의 목적으로 인정된다. 그러나 기업에 의해 보유될 때는 상환하는 것이 바람직한 조건이 될 것이다.

개인 또는 기업 프로젝트 간의 직접적인 부동산의 이전은 인정되지 않을 것이다. 실제 부동산의 지배를 포기하고자 희망하는 개인이나 기업 프로젝트는 정부에 대해 그렇게 할 수 있으며, 정부는 적합한 지원자들에게 재할당하기 위해 필요한 수순을 밟을 것이다. 어떤 정부 부처도 농업이든, 제조든, 유통이든 간에 금융과 신용 계획의 행정 처리가 아닌 어떤 사업도 직간접적으로 운영하지 않을 것이며, 전체로서가 아니면 대중에게 제공된 어떤 서비스에 대해서도 대금을 받지 않을 것이다.

### 초기 국가 배당

[3] 초기 단계의 목적으로 [1]항에서 개괄된 방법으로 확인된 자본 총액의 1%와 같은 임의의 금액을 취하고, 스코틀랜드에서

태어나고 승인된 기간만큼 거주한 모든 남자, 여자, 아이는, 다음 단락에서 언급된 예외를 제외하면 가구당 연간 300파운드를 초과할 것으로 예상되는 배당금에 대한 동등한 지분을 갖는다는 고지를 공표한다. 진행 과정에서 소위 기존의 소유권에 어떠한 간섭도 없다는 점을 명확하게 이해시킬 것이다. 배당금은 스코틀랜드 정부의 신용에 의한 당좌차월로 은행을 통해서가 아니라 우체국을 통해서 매월 지불된다.

우체국 조직이 어떤 행정적인 변화를 갖더라도 이체와 우편환 부서와 저축은행은 배제해야만 한다. 개인에게 지급되는 것을 제외하고는 어떤 국가 배당금도 지불되지 않을 것이다. 개인적 사용을 위한 개인의 순소득이 다른 원천에서 나온 것을 포함해서 국가 배당금으로 받는 액수의 4배가 넘는 경우에는 그런 지불이 이루어지지 않을 것이다. 국가 배당금은 영구적으로 면세이며, 과세 목적을 위한 어떤 납세신고도 고려되지 않을 것이고, 그렇게 요구될 것이다. 여기서 명시된 것이 아니고는 배당금은 떼어낼 수 없다.

#### 등록 사업에 대한 '지원된 가격'

[4] 앞의 공지를 공표함과 동시에, 할인율이라는 숫자가 현존하

는 은행의 할인율을 대체하기 위해 공표된다. 초기 목적으로 적합한 가치는 25%다. 그 숫자가 25%보다 낮아서는 안 된다는 것이 중요하다. 그리고 그보다 적당히 높을 수는 있다.

[5] 동시에 어떤 혹은 모든 기업 프로젝트는 지원 가격 계획하에 등록될 수 있다. 등록 요건은 현재 회사법에서 요구되는 바에 따라 그들의 회계가 매출액에 대한 평균 이익을 보여주는 추가 항목을 가지고 있어야 하며, 그들의 가격이 실행 가능하다면 평균 이익을 포함하는 수치에서 유지되어야 할 것이다. 그리고 거기서 그 이익은 관련 사업 형태에 공정한 것으로 합의되어야 한다. (적합한 이윤은 물론 매출의 속도에 크게 의존한다.) 5년간 운영 뒤에 이익을 낼 수 없었던 프로젝트는 등록에서 제외된다.

**어떻게 무상 신용이 발행될 수 있는가**

[6] 앞 항을 고려할 때, 모든 등록된 기업들은 판매와 함께 최종 소비자에게 다음 항에서 설명한 바와 같이 사용하기 적합한 서류에 계좌를 발행할 권한을 부여받을 것이다.

[7] 재화에 대한 대금 지불은 수표나 현금에 의해 정상적인 방식으로 이루어질 것이다. 구매자는 그가 지금 수표로 지불하는 것과 동일한 방식으로 구입한 재화와 함께 받은 그의 수령 계좌를

그의 은행에 맡긴다. 그리고 그 계좌에 있는 할인율에 해당하는 금액은 소비자의 은행계좌에 다시 입금된다. 등록하지 않은 기업들은 이와 같은 방식으로 처리하는 데 필요한 청구서 형식을 공급받지 않을 것이며, 그 결과로 그들의 가격은 등록된 기업의 가격보다 적어도 25% 이상 높을 것이다.(할인율이 클수록 비등록 기업의 불리함이 커질 것은 명백하다.)

이런 할인에 의해 은행으로부터 개인 예금자에게 입금되는 금액의 총계는 스코틀랜드 재무성의 신용에 의해 다시 보상될 것이다. 자본계정은 그 합계액에 따라 '감가상각'될 것이며, 개발된 모든 자본만큼 '증액'될 것이다. 현존하는 은행들은 그렇게 제공된 서비스에 대해 공정한 금액을 청구할 권한을 위임받을 것이다.

### 시간과 노임

[8] 정부 사무소의 업무 시간은 하루에 4시간으로 축소될 것이다. 업무의 일시적인 정체에 대응하기 위해 추가적인 직원이 고용되는데, 그 직원은 2교대 형식으로 기존 직원과 동일한 업무를 하며, 연공서열과 상관없이 승진의 기회를 공유한다.(이런 조치의 목적은 원래 직원보다 낮은 서열로 추가 인원을 고용함으로써 기존 직원의 중요성을 높이는 잘 알려진 관료주의적 경향을 막기 위한 것이며, 동시에 기존의 업무

를 혼란에 빠뜨리지 않으면서 반응을 체크하기 위한 관리들을 이중으로 임명할 기회를 마련하기 위해서다.)

[9] 모든 조직화된 산업에서 노임 요율은 노임 소득자에게 노임 인하가 국가 배상금의 형식으로 받는 금액의 20%를 초과하는 손실을 발생시키지 않는 선에서, 25% 인하될 것이다. 1928년도에 지배적인 노임 요율은 인하가 이루어지는 기초로서 간주될 것이다.

노임 합의의 위반으로 구성원이 국가 배당금의 지불유예를 당하게 하는 노동조합이나, 유사한 위법을 범하는 어떤 고용자 조합에게도 가격 지원이나 임금 인하를 유예시킬 것이다.

### 고용을 받아들여야 한다

이 계획의 개시 이후 5년 동안, 어떤 가게나 기업이나 또는 지난 조사에서 그가 분류된 바 있는 직종에 고용이 적합하다고 인정되는 조건하에서 (의사의 확인으로 면제되는 경우를 제외하고) 개인 측에서 고용을 받아들이지 않을 때는 그 개인으로 하여금 국가 배당금의 혜택을 유예토록 한다.

[10] 특정 물품이나 특정 형태의 재산에 대한 과세는 폐지된다. 어떤 세금도 순소득에 대한 일정한 비非누진율 과세 형식 또는

판매액에 대한 비율로 매겨지는 **종가세** 형식이거나, 아니면 두 가지 형식의 과세를 함께 취할 것이다.

주석

1928년의 가격 수준은 스코틀랜드의 실질자산 또는 실질자본 계정을 구성하는 항목들을 합산했을 때의 대략적인 추정을 위해 사용되었다. 이것과 등가의 금융 신용은 국가 계정에 상대 항목으로서 나타난다. 화폐와 실질자산은 상업 회계에서 동일한 편의 계정에 위치하는 것이 아니라 서로 상반된 계정(그리고 장부)에 위치한다.

# 클리포드 H. 더글러스의 다른 저서들

『신용권력과 민주주의』
(*Credit-Power And Democracy*)

『경제적 민주주의』
(*Economic Democracy*)

『생산의 통제와 분배』
(*Control And Distribution of Production*)

『현재의 이런 불만들과 노동당』
(*These Present Discontents And The Labour Party*)

『새롭고 그리고 오래된 경제학』
(*The new And Old Economics*)

『신용의 독점』
(*The Monopoly of Credit*)

『경고하는 민주주의』
(*Warning Democracy*)

# 『녹색평론』에서 찾아볼 수 있는
# 기본소득과 사회신용에 관한 글들

## (2016년 4월 현재)

108호 (2009년 9-10월)
세키 히로노, 「삶을 위한 경제 — 왜 기본소득 보장과 신용의 사회화가 필요한가」

111호 (2010년 3-4월)
세키 히로노, 「사회신용론과 기본소득」
리처드 쿡, 「통화개혁과 '국민배당'」

113호 (2010년 7-8월)
마이클 로우보섬, 「더글러스의 사회신용론」
; 세키 히로노, 「기본소득과 새로운 삶의 방식」

115호 (2010년 11-12월)
김종철, 「돈과 자유 — '배당경제학'에 대하여」

116호 (2011년 1-2월)
세키 히로노, 「근대 조세국가의 위기와 기본소득」
클리포드 더글러스, 「전쟁의 원인」

122호 (2012년 1-2월)
김종철, 「'자유무역'을 넘어 '기본소득'으로」

131호 (2013년 7-8월)
좌담(강남훈, 곽노완, 김종철), 「모두에게 존엄과 자유를-기본소득 왜 필요한가」

133호 (2013년 11-12월)
괴츠 베르너, 「시민권으로서의 소득」

134호 (2014년 1-2월)
곽노완, 「복지국가와 기본소득」

**135호 (2014년 3-4월)**
강남훈, 「베짱이에게도 기본소득을 주어야 하나?」

**138호 (2014년 9-10월)**
금민, 「한계에 이른 복지국가, 기본소득이 답이다」

**144호 (2015년 9-10월)**
김종철, 「기본소득과 민주주의」
강남훈, 「성남 청년배당 어떻게 준비되고 있나」
강위원, 「농민에게 월급을 준다고?」
피터 반스, 「알래스카 주민배당 — 경제를 살리고, 불평등을 억제하다」

**145호 (2015년 11-12월)**
하승수, 「기본소득이 빈곤문제 해법이다」

**147호 (2016년 3-4월)**
숀 모너핸, 기본소득과 그 사상가들(1) 「토마스 페인, 한 혁명가의 삶과 사상」